老いと学びの極意

団塊世代の人生ノート

武田鉄矢

文春新書
1288

はじめに

何か判らぬことがあると気になる質《たち》です。若い時分は判らぬまま生きておりましたが、人生半ばを過ぎたあたりから、判らぬことが放って置けなくなりました。指先に見えない棘《とげ》があるようで、喉に魚の小骨が刺さったようで、チクリと痛んだり、空咳を続けたりと、気になっていけません。そこで判らぬことあらば大学ノートに書き出してみることにしました。それが孔子の言うところの「天命を知る」あたりの年で。

その五十歳の初めから「耳順《したが》う」「矩《のり》を踰《こ》えず」と年を重ねて、ノートを取り続け、もう十冊ばかりか。

何か判らぬことあれば、先《ま》ず書きつけて、判るまで抱いております。

それでヒントあれば、ヒントを書き込み、ついに解答を見つけた時は嬉しいものです。まさしくアルキメデスの「ユリイカ（わかった）」で、実に痛快です。その習慣のおかげか、悪癖の知ったかぶりがやっと治りました。判ったふりは苦しいものです。

で、忘れもしない、そのノートの一番最初に置いた判らぬことこそ「分数の割り算」でした。小学四年生の算数でした。人生、判らぬことを遡れば十歳に行き着くとは……でももっと正直に言えば私は「分数の掛け算」も判っていません。人生のあの辺りから判ったふりを覚えたのでしょう。先ず、そこまで戻って考えてみたのです。

「分数の掛け算」の解き方は簡単で分母同士、分子同士を掛ければいい。「$\frac{3}{4}\times\frac{2}{3}$」は「$\frac{3\times2}{4\times3}$」。分母、分子で約分出来れば、答えは「$\frac{1}{2}$」。しかし、この「掛ける」とは何だろう。

掛け算は整数では判り易く、「2×2」なら「4」。二つが二つあるなら全部で「4」。ところがリンゴの半分とその半分の半分を掛けると、「$\frac{1}{2}\times\frac{1}{4}$」で「$\frac{1}{8}$」。何で掛けたのに小さくなるのだろう。「掛ける」とは膨らむことなのに……何故、分数では縮むのか、その上に「分数の割り算」は割る方をひっくり返して掛けなさいと担任の先生はそう仰る。これがサッパリ判らない十歳の私。

私のような成績不振児は判らぬことがひとつなら耐えられるがふたつになるとガラーンとした頭がひどく重たく身動き出来なくなります。その授業で、ひたすらにその質問を誰かがしてくれることを願いましたが五十人ばかりのクラスは黒板にびっしり並んだ練習問題に追われて忙しく、皆、鉛筆でコツコツとノートに音をたてています。誰もが疑問を打ち捨てて、黙々とひっくり返して掛けています。

世界にひとり置いてゆかれたさびしさでした。十歳の私は勇を鼓してまっすぐに手を挙げました。何故、ひっくり返すのか、「分数の割り算」の謎にむかってまっすぐ手を挙げました。目立たぬボンクラの私の挙手です。先生を眩しく見つめて私は問うた。「なぜひっくり返すのですか」。

先生の表情は、「ナニ」と途端に曇りました。そして仰ったひと言が「いいから、ひっくり返して掛けなさい」。私はどうやら先生を不機嫌にしたようで、周りのクラスメイトから「バカチン」の誹《そし》りの呟きがいくつも聞こえてきました。

間違いなく、それは判ったふりをしなければ世間に波風が立つことを教えてくれた世渡りのコツ。私の少年期の終わりでした。

あれからいくつもいくつも判らぬことをそのままに生きて来まして、私の場合、青年期、ＴＶドラマで「先生」を演じることもあり、判ったふりが仕事にもなりました。しかし、「先生」はつまらないのです。アルキメデスの「ユリイカ」の痛快がありません。そこで「天命を知る」五十にして、知ったかぶりを止めて、心に刺さった判らぬことをノートに摘《つま》み出し、記録してゆくことを習慣にしました。ノートに置いた一問目は当然ながら、小四のあの問い。「分数の掛け算と割り算」です。これは娘の算数の副読本にズバリの答えを見つけました。副読本はやさしく教えてくれました。先ず「掛け算」とは何か、「2×2」は「2」をもうひとつ並べて、全体では「4」になるということ。だから、「$2\times\frac{1}{2}$」なら「$\frac{2\times1}{1\times2}$」で「1」。ふたつあるものの半分は「1」。掛け算はいつも「全体は？」と聞いている式で、膨らむ時も縮む時もある。

では「割り算」は何を聞いているのか。これは「何人で分けられるか」を聞いている。だから簡単にビスケットを半分に割ると……二人に分けられる。式にすれば「$1\div\frac{1}{2}$」で、ここでは割る方をひっくり返して掛ける「$\frac{1\times2}{1\times1}$」という式にすれば答えは「2」になるわけです。「ユリイカ」です。判らぬことに遭遇したら、判るところまで引き返すこと。そして答えを見つけるためには何が問われているのか、を問うこと。

先ず「問い」を探し出す。たかが「分数の掛け算と割り算」の解き方に何やら物事を考える「極意」を見つけたようで初めての「ユリイカ」は痛快でした。

さて、そこから判らぬことをノートに取り続けています。

判らぬことはその後も降り積もり、十冊目の大学ノートを最近、通過。加齢と共に人生の下り道は自然と開けて、見晴らしのよいものになるとの目論《もくろ》みは外れて己の頭の悪さを痛感する老いの峠道です。

でも、いくつもの判らぬことに取り囲まれて、判らぬことを弄《いじ》り回すうちに何だか絡んだ紐を解《ほど》く要領は少し見つけたようです。

ほら、仲間にそんな人いませんか。細い細い釣り糸。その絡みに絡んだ糸玉を上手に解き、一本の糸に戻せる人。その忍耐、その洞察、その器用に、感心するのですが、あれもどうやら要領があるようです。

それは、絡んだ結び目の玉をひとつひとつ解いて、緩めて広げてゆくことのようです。頭のいい人とは結び目の解《ほぐ》し方がうまいのでしょう。ノートに拾ったある数学の天才児の逸話です。ある小学校で先生が意地悪な問題を出した。手間のかかる足し算で、１から１００をすべて足したらいくつになるという問題でした。クラス中が１＋２＋３＋４……と足し合わせているうちに忽《たちま》ち手を挙げた男の子がいたそうです。

男の子は答えを「５０５０」。正解でした。唖然としている教師を前に黒板にその根拠を数式で示したそうです。少年言わく、１から１００までを並べる。その下に今度は逆さにして、１００から１まで並べる。で、この上下をひと括りずつ足し合わせると１００＋１で１０１、99＋２で１０１、98＋３で１０１……でこの上下の足し算は１０１が１００

こ。つまり１０１００で、これを半分に割れば１から１００までを足し合わせた答え。で、それが「５０５０」なり。後に高名な数学者になったという少年ですが、問題を提出されたその瞬間にすでに解くための公式を思い付いていたそうで、その公式こそがS＝n(n＋1)/2。硬い結び目の解し方、広げ方が出色です。１から１００と１００から１を二段に重ねて、その上下を足して「１０１」にする解し方。そして「１０１」が１００あるという広げ方。

　二段重ねにした故にそれを「２」で割って、答えを掘り出す。

なるほど頭のいい人はこの要領で判らぬことを解いてゆくのかと感じ入った次第です。しかもその要領は同様の問題に対して、万能の公式まで発見。一瞬にして、「極意《ごくい》」を見つけた。正《まさ》に「ユリイカ」の極みでしょうね。「極意」が羨ましく、人生ここに来てやっと「学ぶ」ことが癖になりました。

　で、取りこぼして判らぬことを引き返してはノートに置いて、解き直しておりましたが、「耳順う」の六十代になりますと、段々と難しくなります。

　絡んだ糸の解き方だった問題がいつの間にか我が身の内に解いたつもりでいた答えが正しいか誤りか疑うようになりまして……。

例えば、誠に申し訳ありませんが連れ添って五十年の妻。

還暦過ぎた秋の日、ふと居間ですれ違った瞬間、「あれっ、なんで好きになったのだろう」と考え込みまして……いえいえ、遠い昔好きになったことは憶えているのですが……なぜ、どこを好きになったのか、ど忘れしています。そこでもう一度、判らぬこととしてノートに置いてみたのです。で、この謎に挑みました。今にして、よくよく思えば私、初めて見た女房を第一印象で誤解したのです。彼女は私の思っているような女性ではなかった。そしてよくよく尋ねれば女房も私を誤解した。それが偶然にも、間違った分量がピタリ同量でこれが奇跡を引き起こしたのです。

私たちは理解し合って夫婦になったのではなく、誤解し合って、そう、同じ分量、間違ったから結婚したのです。時々、お互いが判らなくなるのはわかり合おうとするからで、ダメダメ、判り合ってはいけません。

「老い」に比例してその関係が刺刺《とげとげ》しくなる御夫婦がおられますが、あれはお互いの正体が歳月とともに露見したからでなく、最初に生き生きと満ちていた誤解する力が衰えたのです。お互い、判ってはいけない。

必要なのはどう誤解するか……夫婦というものをそう解いて、私、「ユリイカ」と呟いておりました。

さてさて、「分数の割り算」から「夫婦仲」までわからぬこと、わかったふりをしていたことは大学ノートに書き出して、「解」を求めて日々、取り組んでおります。

老いの峠道、途上です。ますます「問い」は増えてゆきます。「1から100までの足し算」の「和」を求めた少年に倣《なら》い、わからぬことを逆さに並べ、上下を足して「2」で割って……そんな「学び」を続けています。

何かのヒントになればと、万巻の書を渉猟《しょうりょう》し、よすがになるやも、と思った文章を抜き書き、控えて、……何やら人生の難問を解く公式か、謎を掃《はら》い、鮮やかな極意でも見付からぬかと綴り続けた十冊ばかりの大学ノートです。皆さまの何かのお役に立てばと思い、そのノートの中の出来事を文章にしてみました。なお私が学んだ本からの文章や語句の引用は〈 〉で囲んでいます。これはどこまでも私の公式、私の極意で、「老い」とともに萎えてゆく誤解する力を励ます意味で、ノートのタイトルを「誤解力養成講座」と名付けてみました。この誤解力が何かの役に立ち、あなたを「ユリイカ」と叫ばせることを願いつつ、この大学ノートを御披露しようと思います。

老いと学びの極意　団塊世代の人生ノート◎目次

オナン君とマナー

その人は神の系譜につながる人です。アダムとイブを始源として、神と人間の織りなす旧約聖書の創世記に記録された若者です。

その人の名はオナン。このオナン君が話の振り出しです。彼の名を知ったのは、阿刀田高氏の著作、『旧約聖書を知っていますか』（新潮文庫）の中でした。旧約の神は人間への注文が煩《うるさ》く、祈りの作法、犠牲の動物の指定、更にその動物の焼き方、善悪、食べてよいもの、禁じるものから男女の性の交し方、そして結婚の制度まで細やかに戒律の網の目を巡らせています。その中には現代から見ればいささか異様な戒めもありまして、その一例が兄弟とその嫁へ課された掟です。レビレート婚といいます。ここに兄弟がいるとします。その兄が妻を娶《めと》り、もし兄が長子を生《な》さず、妻を残して身罷《みまか》った場合、弟が兄嫁と性関係を結んで、その一族の血を繋ぐため長子を得るまで閨房《けいぼう》を共にしなければなりませんでした。これは婚姻とは関係なく、一族のDNAを女性を介して受け継ぐための非常措置だったのでしょう。「兄貴の嫁さん」とは、弟にとって中々、艶めいた存在ですが、若きオナンはどんな思いだったのでしょう。それを知りたくて旧約世界のどこかにいる彼の姿を旧約聖書に探しましたが私には見つけられませんでした。ただ、彼の思いは判りませんが、阿刀田氏の紹介で彼の行動を知っています。オナン君はひと滴《しずく》も義姉に渡さず、そのDNAを地に捨てました。阿刀田氏はオナン君の行為を「けち」と叱っておられますので、寝所は共にしてもDNA《タネ》は与えなかったと解釈してよいのでしょうか、多分。で、オナンはどうなったか。旧約の神の戒律に従わざる彼は直ちに神により誅殺されています。何と厳しき旧約の神か。それにしても、このオナンの反逆は何を思ってのことか。今となっては知る由もなし。三千年以上の時の彼方の、神と人との物語の片隅、その数行に名を残すのみのオナン君です。ですが、このオナン君の挿話《エピソード》からひとつの言葉が生まれます。その一語は今も男子の間で、ひそやかに囁かれる性の用語となりました。「オナニー」です。スラングや漢字で記《き》すると猥雑で罪深い文字を並べねばなりませんが、この響きなら暗号めいているので耐えられます。何となくみじめな手作業ですが聖書の人名に由来していると知ると、何やら公然と人類史の性の格闘に参加しているのだ、とも思えて、いささか救われた気分になれました。ある言葉の中に人影やら出来事を見つけると、私はほとんど病的に感動するのです。私のこの性癖は、ほとんど病気です。自覚しています。

で、もうひとつ、この性癖。これも旧約聖書の中でピクッと引っ懸《かか》った一語です。出エジプト記。モーゼはイスラエルの民を率いて、荒野を渡ります。めざすは旧約の神が賜うたカナンの地。様々な艱難辛苦《かんなんしんく》の待ち受ける旅に、旧約の神は両の手のひらで庇《かば》い、百万とも言われるこの一団を守ります。紅海をその吐息で吹き割って、対岸へ渡す奇跡などを見せるのですが、これら、神の奇跡の中に実に細やかな神からのサービスもあります。オナン君に比べて、モーゼ殿は旧約の神によほど愛されていたようです。で、その細やかなサービスとは――

出エジプト記16章13〜14節

――朝になると、宿営の回りに露が一面に降りた。その一面の露があがると、見よ、荒野の面《おもて》には、地に降りた白い霜のような細かいもの、うろこのような細かいものがあった。

出エジプト記16章15節

――モーセは、彼らに言った。「これは主があなたがたに食物として与えてくださったパンです。」

出エジプト記16章31節

――イスラエル人の家は、それをマナと名づけた。それはコエンドロの種のようで、白く、その味は蜜をいれたせんべいのようであった。

「マナ」とは旧約の神がイスラエルの民に与え給うた非常食ですが、食レポらしき旧約の章句を読んでも味やその形は想像し難い食物です。何やら宇宙食のようなものだったのでしょうか。ただし、創作の食物ではないようです。夜食べ残すと、次の朝、腐って虫がわき、悪臭を放ったという描写もあり、蜂蜜を塗ると更に美味しいともあり、何やら生々しく伝えられています。モーゼの歩むその荒野の出来事で確かにそのようなことがあったのでしょう。

四十年もの間、彼らはその非常食で露命をつないだのです。この強烈な体験から、旧約の神が与え給うた「マナ」の恩義を忘れぬために、今もユダヤ教の人々は「マナ」を食べる仕草を儀式とし、幼児のうちにその古事を伝えるそうです。この「マナ」を食べる正しき所作が「マナー」という一語へ転じたり、更に価値高きものという意味から「マネー」という一語へ広がったという一説を聞き、「おおっ」と唸ったものです。ですが、「マナ」はそこで終わりませんでした。

何とも意外な場所に全く同じ響きの言葉を見つけたのです。それがなんと日本の天皇家。古代から続く宮中儀式に「マナ」と同じ響きの一語を見つけたのです。その摂食儀式が「真魚《まな》始め」。新生児の生後百一日目。乳歯が生え始めるこの時期に、「生涯、食べる事に困らぬように」と願い、乳児に食べる真似をさせる儀式です。

江戸の時代にこの宮中儀式は雛祭と同じように庶民にも真似られて、「食い初め」とか「お箸初め」とか呼ばれる通過儀礼として世に広まりました。ゾクッとします。これはどう考えても、パレスチナ地方の旧約聖書の世界からこの地まで運ばれ、天皇家に根付いた「マナ」の儀式と思えるのです、私には。「マナ」から「真魚」を見つけた時、「おおっ」を越えて、ただ恍惚《こうこつ》としていました。

ある言葉の中に潜む、その言葉を運んだであろう誰かの影や足跡を見つけると、私は病いのように感動するのです。

己の身体に「哲学」を染み込ませて、艱難に耐える知性を、哲学者で合気道師範の内田樹氏は知的肺活量と名付けられました。よい造語です。

私の場合は、何かを知り、その何かが意外な何かと結ばれた時、それはもう、無闇に感動するのです。

私はそれを知的痙攣《けいれん》と名付けました。まあ、欠伸《あくび》みたいなもんです。

あなたの退屈しのぎと眠気覚ましになればと思い、知的痙攣、御披露致しました。

学問ノススメ

他愛もないことを記します。遠い日の事で、私は八つで小学二年生。担任の先生から図工で「母」を描けと、画題を与えられた時の出来事です。それは一週間ほどの猶予付きの宿題でした。

私の母は煙草屋を営みつつ、繕《つくろ》い物のミシンを踏んで、わずかばかりを稼いで暮しの足しにしておりました。三畳ばかりの板間の仕事場、布地の裁ち台と横のミシンを往復する母でした。私は画板の紐を首へ回して、腹をつっかえ棒に、痒《かゆ》そうな表情でモデルを務めてくれた母を描きました。

八つの子がクレヨンを握りしめて描く絵です。目があり鼻があり、口がついている程度の母の顔でした。でした、が八つながら描き上げると物足りなくもあります。もう一度、母と絵を見比べると、電燈の下の顔には当然ながら、影が宿っています。折角、うす桃色、茶色、ダイダイ色で厚く塗りつけた母の顔でしたが、影という事実を素直に受け入れることにしました。そこで、黒のクレヨンを横に走らせ、顔の半分、鼻の下、顎の下に見たまま影を描き足し、仕上りとしました。

で、全体を眺めると少しうす汚い完成となりましたが、それ以上描き足すものを思い付かず、出来上がりとして翌日、教壇へ提出したのです。

出来事はその日の午後の「図工」の時間。四十五分の授業は先生が提出された絵を両手で掲げての合評会でした。「よいところ」「わるいところ」を生徒は手をあげて評し合う手順ですすんでゆくのでした。で、アイウエオの順ですすんで私の絵も登場しました。案の定、影を描き込んだ「母」はクラスメイトに評判悪く、大半の子らは「きたない」と評しました。私のクラス順位は中の下から下の上、という学力で、いつも身体のどこかを指の爪で掻いている、少しボンヤリした児童でした。批評の手厳しさに俯《うつむ》いていましたが、そのうちに奇蹟のような事がおこりました。「いいえ、これは凄い」と先生。クラスは唖然、騒《ざわ》めきましたが、一声《ひとこえ》で先生が静めたのです。「皆さんは大事なモノを見落しています」と鎮めて、私の一枚を更に高く掲げて、こうおっしゃいました。

「武田さんは凄いものを見つけました。『影』を見つけました」と。

私の「母」はこの絶賛を得て、クラスを沈黙させ、その後父兄のみが出入りする玄関口から大廊下の壁に金の札をつけて貼り出されたのです。昼休み、校庭で遊んだ後に、わざわざそこを通りかかり、チラリ見上げる私の胸に昂然たる自負を吹き込んでくれた「母」でした。

忘れ難きはその出来事の二学期、その通信簿。「2」が多く、「3」をまぶした程度の評価の中、ただひとつ図工の欄に燦然と「5」が輝いておりました。

この通信簿を母に渡すと、母はその一点の「5」を凝視。何も言わず、仏壇に供えて、両手を合わせた後姿でしきりに涙をふいている様子でした。

その日のうちに「図工」で「5」を取ったてっちゃんの噂は町内へ広がりました。

夕方、父の晩酌二合を酒屋の南崎さんに買い求めに走らされた時のこと。

南崎のおばさんが大声で私を賛してくれました。

「てっちゃん、リンゴ箱の机で『5』を取ったのはこの町内でお前だけたい」

この酒屋は店内に角打ちのカウンターが据えてあり、立ち呑み常連の土木仕事のおじさんたちが酒くさい息で「大したもんたい」「えらかぞう」と称讃を重ねてくれたのです。

その頃の私はひらがながやっと読めて、カタカナは全く読めない愚鈍《ぐどん》の子でしたので、

「リンゴ箱の机で『5』を取った」の修辞は私の胸に深く刻まれました。その修辞こそ八つの私が初めて世間から学んだことです。つまり元手をかけずに「5」を獲得すること。それを世間は優秀と讃するのであって、勉強机があって塾へ通う子が「5」を取ることは、トントンの凡たる打率である、ということ。

そこからそう思って、生きて来ました。それから半世紀余りたった老い坂途中のこと。八つの時に胸に刻んだ世間智《せけんち》を粉微塵《こなみじん》に砕く現代語に出会《でくわ》し、周章狼狽、その一語を前に立ち尽くしてしまいました。

その唖然とさせた一語こそ「教育格差」。

初めてその語が耳に飛び込んで来たのはTVのニュースワイド番組。長机に座っておられる女性准教授の怒気をふくんだ教育批判の一語でした。格差というから、東京と地方を比べて通学時間や交通、あるいは教育資材の差などを憤っておられるのかと思った。ところが、よく聞けばちがう。ここで唖然とし、凝然と耳をすましました。親の収入のことを言っておられる。准教授いわく、年収三百万円と一千万円の家庭では子供の学力に差がつき、その差こそを「教育格差」という日本社会の宿痾《しゅくあ》であると仰る。

「まっ、待って下さい」である。

以来、この現代造語に引っ掛かり続けている。決して抗弁するのではない。ないが、「教育格差」とは私にはまったく腑に落ちない造語なのです。

何故か。

あのう、怒りの准教授よ……「教育」とはもともと「格差」のことでしょう。まあ、そう、呆れず、驚かず。だって私はそう思って生きて来たのです。そうなりますよ、私の場合。だって、リンゴ箱と学習机は「格差」です。大学受験時の補習指導の県立筑紫中央高校（我が母校）の森すすむ先生とあの東進ハイスクール講師の林修先生の受験講座も格差。私大か国公立かも「格差」で、あからさまに言えば、「金《かね》」の差、「親」の差でありましょうや。そう言えば、身も蓋もないので、それを柔らかく世間では「家庭の事情」と呼んでいます。そうでしょう。

その差は社会問題ではありません。そう思います。

親の年収で差のつく、子の学力に何の値打ちがありましょうや。

親から与えられたものではなく、「学力」とは子がひとりで勝ち得たものでしょう。その方の仰るその学力は腕立て伏せの回数くらいのもんで、腹が減っている子の回数が少ないのは当然ではないですか。

では私の主張する学力とは……私事を記します。八つの時のあそこから長じて、十八の時でした。私は母に大学進学を許されました。それは母の決断でした。「学問がないばっかりに……」と、それが口癖の母でしたから。

　母は十歳の時、両親《ふたおや》に捨てられた少女でした。そこから養女に出され、貰い子にされた労苦に泣き、学校へゆく境遇の子らに対して、身を焦がすほどの憬《あこが》れをもつ人でした。その無念を込めて、大学へゆけと命じる母の「学問ノススメ」でした。ただし、金銭に不安がありの「学問ノススメ」で、国公立大で自宅から通うのが絶対条件でした。

　これはひと回り上の兄を東京、私大へ進学させたはいいが、その学費と生活費でさんざ脛《すね》をかじられ、多額の借金を背負った苦い体験から、私の進学路は東京方面を塞いだのです。

　しかし私には何の不満もなし。東京有名私大をめざす頭もなく、林先生のところへ通う必要もなし。進学とは「金」の都合、「親」の都合で決まるもので、そこに生まれた宿命のことです。

　私は一浪後、母の指示の通り自宅から通える「福岡教育大学」という国立大へ合格出来ました。正直に言えば、教育者をめざすというより母の条件に適した大学はそこしかなかったというのが進学の理由でした。

ところがです。四年後、その母の指示を私が裏切ります。

家出同然に東京へ飛び出し、フォークシンガーというマイナー芸能人の世界へ飛び込むのです。落胆させ、心配もかけたでしょうが、まことに人生、塞翁が馬。一年後、「母に捧げるバラード」で八つの時と同様に「母」を今度は唄にして歌謡界の玄関口の大廊下に赤丸急上昇という札をつけられ貼り出されたのです。

で、そこから又、芸能界の坂道でのぼりくだり。足腰を試され、鍛えられて六年後、テレビドラマで試されて荒川のほとり、中学校の教師「3年B組金八先生」でやっと全国区という廊下に我が名を貼り出される幸運にめぐり合うのです。

その幸運を振り翳《かざ》していたのではありません。「教育格差」という造語が社会問題としている「学力」という語の解釈に異《い》を唱《とな》えるため我が身を使っています。私事続けます。家出から七年、私は三十路を歩き出したばかりの年頃。

実家へ帰ると母はその教師役の評判を書き付けた新聞の切り抜きを仏壇に供えて、後姿で私に呟きました。

「学問ばさせてよかった……」と。

それは福岡県の先生にはなれなかったが、テレビでは中学校教師役で一発当てた息子への許しの一言でした。「リンゴ箱の机」で「5」を取った息子へ声をひそめて讃してくれた時と同じ感慨だったのでしょう。

年収三百万の親の子が元手をかけずに「5」を獲得した時、それこそが「学問」で身に付いた「学力」なのです。

優秀という賛はその子に贈られます。年収一千万の家の子が「5」を取る事は、ただのトントンです。昔、小学校の校庭に柴を背負った二宮金次郎像が立っていたのは、三百万以下の家の子らのために掲げられた理想像でしたのですよ、きっと。

一千万円以上の子らには銅像は用意されませんでした。

「学問ノススメ」による「学力」とは福岡県の教師になるべく学び、そこでの学びを生かしてテレビドラマの先生の演技力に転用した生存力、その生きる力を母は「学力」としたのです。

まあ、教育格差を社会問題とする、そちらにも反論はあるでしょうが、「八つ」の時に学んだ私の世間智は不動《がんこ》です。

で、ある日のこと、こんな文章に出会いました。加勢して貰うつもりでここに付記します。白川文字学をうちたてた白川静博士が華の国の聖人で思想家の孔子に寄せた『孔子伝』（中公文庫）の26頁の指摘です。

〈孔子の世系についての『史記』などにしるす物語は、すべて虚構である。孔子はおそらく、名もない巫女の子として、早く孤児となり、卑賤のうちに成長したのであろう。そしてそのことが、人間についてはじめて深い凝視を寄せたこの偉大な哲人を生み出したのであろう。思想は富貴の身分から生まれるものではない。〉

ほらね。この文章、分かり易くいえば年収一千万の家の子からは孔子は生まれないと仰っておられます。リンゴ箱の机で「5」を取った私はこの指摘を支持します。学力とは思想のことで、私、これでも哲学を語っておるつもりです。

エヘン、エヘン。

仕事の流儀

「たとえば……」と先ず前置きして、怖ず怖ずとその人に尋ねました。

「信長と藤吉郎が初めて出会ったあの日ですが……」と。

それは確か、『国盗り物語』か。それとも『新史 太閤記』だったか……初めて読んで甚《いた》く感動した、その部分。その場面は、清洲城下への街道《かいどう》を単騎疾走する信長。その馬前へ藤吉郎が飛び込み、「御家来衆にお加え下さい」と哀訴する件《くだり》。

高名な場面ですが、この人の描き方は異様に克明なのです。ふたりが出会う、その日の気温、湿度、風の吹き様、蒼天の青の深みまで細々《こまごま》と描かれていますので、読むうちにその場を目撃しているような心持ちになるのです。そして、読み出すと……草叢《くさむら》に身を沈め、信長の馬の蹄が街道の砂利を蹴る音に耳をすます藤吉郎の息遣いが在り在りと聞こえ、草の根で鳴く虫の声やその草の匂いまで行間から漂うのです。

私はこの人の書いた文章に酔い易く、初めてこの人の著作に接した『竜馬がゆく』で、その文章に魂を吸われ、十八歳の私は全五巻を読了する五ヶ月間、「竜馬」と共に幕末を歩いていました。本当に竜馬の肩越しに薩摩藩士による同士討ちの惨劇の寺田屋事件、新撰組による池田屋斬り込みの場面を読む時、血しぶきがかかるようで、引き寄せた本から顔を離すほどでした。『竜馬がゆく』は私にとって重大でした。十八歳の時のこの大作の読了から、本と語り合う体質が私に宿ったようです。

勿論、終章で「竜馬」が暗殺されるところを読み終わると「竜馬」と別れるようで、十日ほど本に近付きませんでした。しかし、意を決してついに読了、そして号泣。その夜、見上げた星空を今も忘れません。その星空は五十年以上の時が流れても、少しも遠くならず、そのまま心にあります。

それからその人の作品を読み募るうちに、その文章の表現があまりにも克明過ぎるので、それが史実なのか、それとも創作なのか、判らなくなるのです。当然、歴史小説ですので、たとえばバラバラの土器の破片を木箱に詰めて、「縄文時代の火焔土器です」と示されても何の感慨も湧きません。でも、接着剤や石膏の充塡《じゅうてん》剤で、復元・修復、その形を立体化していただくと、その史実が眺め易く、勘考の材にもなるのです。

　ところが、その人はあまりに復元・修復が美事で、どこを継《つ》いだか、何で充填したかホンモノと見分けが付かなくなるのです。幾片もに割れてしまった茶碗でも、漆《うるし》で接《つ》ぎ金箔で繕う修復の技に、金継ぎがあります。時として、この国ではそのホンモノよりも金継ぎの方が値を上げることがあります。修復によってオリジナルに別の芸術性が宿ると、その偶然が値打ちとして加算されるのです。その人の歴史小説はまるでその金継ぎ作品のように紙価を高めていたのです。バラバラに割れて出土した歴史の欠片《かけら》をどう接ぎ、埋めて繕い、如何《いか》な美に仕立てるか。昭和六十三年（一九八八）二月のこと。関西のテレビ局の御厚意でついにその人に会えたのですから、その極意《ごくい》を尋ねたくなるのは人情でしょう。

　座談の締め括りに、「何か聞きたいことでもありますか」と機嫌の良い笑顔を確かめて、切り出した質問が前述の言です。

「信長と藤吉郎が初めて出会ったあの日ですが……」。それは五百年ほど前の天文か永禄年間のある日の陽差しの下での出来事だったに違いありません。

　茫漠たる五百年前のある日の午後の気温、湿度、風向き、野の匂いから空の青まで細々《こまごま》と描ける筈《はず》もないと思い、そこは漆か石膏かで継がれた「創作ですか」と問うてみたのです。すると、目の前の、司馬遼太郎は美しい白髪を緩く振り、優しく断固として、「いえ、調べたんですわ」と。そして誰に語るともなく、こんな風に語っておられました。「信長と後の秀吉が初めて会《お》うた日です。私、その日がどんな天気か気になるんです。暑かったか寒かったか、晴れてたか雨か。それは物語を書く時にとても大事な事で、いろんな資料を調べ、その出来事の年月、季節、時刻を絞り込んで、他の文献の天候の記録を重ね合わせて、あんな風に書きました。間違いなくあの日、尾張は快晴やった筈です」。

眼鏡の奥の目が剣客のように底光りし、寒山《かんざん》・拾得《じっとく》の風貌のその人はさらりとこう仰いました。「私ねえ、その一行を書きたくて、三年間調べたことあるんですわ」。

まことに圧巻の、仕事の流儀です。

昭和を代表する巨大な歴史小説家なのですが作家としての魅力は書斎仕事だけではありません。声がいい。そう、司馬遼太郎は「声」の作家でした。

直に、お会い出来、その姿を見、その声を聴く機会を得た幸運を私物には致しません。

確か、あの折は小アジアに出現したヒッタイト人の製鉄技術が天山山脈を越え、やがて新疆に伝わり、「鉄」が中華文明を一変させる二千年の歴史を話して下さいました。千年を語るに三十分ほどで、その話しっぷりは澱むことなく、まるで天地を循環する水一滴を語るが如し、です。

つまり、天から始まり地へ落ちて、川に走って海へ、海から天に昇るという話しっぷり。これほど話の順路、序破急、拍子の見事な方を知りません。くり返しますが、「声」のいい人でした。その「声」が語る歴史話は渓谷を走る水音のように、白波立たせる瀬音となり、あるいは瀞場《とろば》に淀む静けさのように、響き、滔々《とうとう》と流れて海に出るまで聞き惚れるしかありません。

こんな「声」を持ちたいと、つい憧れるのですがきっとそれはこの人が先ず、己の身体を通して歴史資料と向き合う仕事の流儀をお持ちだったからでしょう。

身体を現場において、その身体をフィルターにしてものごとを考え直してみる。想像力を決して頭に任せない。だから、その「声」は身体を通して、耳ではなく聞く人の身体へ先ず伝わってゆく……のでしょう。

この人にまつわる、ここからはレジェンドです。真偽のほどは確かではありません。

でもこれらのエピソードは在り在りとこの人を伝えてくれるのです。

この人でなければ、考えられないレジェンドです。

ジャーナリストであり、歴史小説家でもある三好徹氏のエッセイ文中にまだ直木賞を受賞したばかりの、若き司馬遼太郎がいました。恐らくはまだ『竜馬がゆく』などの代表作を世に問う前の、ほとんどデビューしたばかりの黒髪の司馬氏で、出版社主催の文化講演会で初めて顔を合わせたと文にありました。で、岐阜県内のその街は車を走らせれば史跡古戦場の「関ヶ原」は近く、開演時間までも充分の時があり、その史跡見物にふたりで出かけたそうです。まだ史跡としても注目されなかった頃のことです。田畑を両脇に積んだ街道がうねうねと貫く田園風景に立ち尽くしていたそうですが三好氏が退屈もあって、「関ヶ原の合戦は御存知ですか」と水をむけると司馬さんが「少々……」と遠慮しつつも緩々《ゆるゆる》とその合戦を語り出したそうです。先ずは徳川方、石田方の東西配陣から戦闘開始の時刻、その朝の天候、先陣争い……東西両軍二十万人が激突した半日の戦いが、野道に佇むふたりを包むように繰り広げられて、三好氏は司馬さんの声に誘われ、西軍《せいぐん》島左近の勇《ゆう》躍《やく》や東軍《とうぐん》小早川秀秋の怯懦《きょうだ》の馬上姿を眼前に見たと感想を残されています。うらやましい。三好氏は司馬さんの圧倒的知識量に驚嘆しつつ、その語り口のうまさに後の大作家司馬遼太郎を独り占めにした贅沢を詫びるようにエッセイに綴っておられました。

　この思い出から時を置いて六年ばかり後か、司馬さんは大作『関ヶ原』を書き残しておられます。東西両軍二十万が激突したその秋、慶長五年九月十五日の朝は深い霧に包まれており、両軍霧中、手で探り合うように対峙。一発の誤射から宇喜多秀家隊、福島正則隊の唸りあげての交戦が始まります。それにしても、このたちこめた霧が、勝敗にも流れ込んで、両軍の運命を変えてゆく様はまるでスポーツ中継を視聴するようです。司馬さんの筆は霧や風、陽差しの移ろいを描きつつ戦場を語りますので文字の描写が肌を撫でてゆくのです。言わでものことながら、是非ご一読を。

　で、天気といえばとことん天気に拘《こだわ》った傑作に『坂の上の雲』があります。

　明治三十八年（一九〇五）五月二十七日、大韓帝国、鎮海湾に集結した連合艦隊に東シナ海沖航行中の信濃丸より「敵艦隊見ゆ」との打電が入ります。この一報から、全滅を賭して戦う海上決戦、日本海海戦がはじまります。この海戦前日の点描に司馬さんはある気象予報官を登場させています。

　岡田武松なる人で、海戦開始の予感がしていたこの人は特に丁寧に前線測候所から送られて来た天気図材料を読みます。『坂の上の雲（八）』（文春文庫）の「抜錨」38〜39頁から抜くと、

〈この二十六日午前六時という時限において、中心示度九九七ミリバールの低気圧が九州海上に存在している。いまひとつ九八九ミリバールの優勢な低気圧が旅順・大連のある遼

東半島付近にあり、このため九州方面から朝鮮半島、遼東半島あたりに雨が降りつつある。〉

で、この天気図から岡田は明日、海戦が予想される海域の天候予報は、

〈「天気晴朗なるも浪高かるべし」

と、書いた。一気に書いたという。

これが大本営の無線室から鎮海湾の三笠に送られた。その天気予報が、真之《さねゆき》の机の上に載っていたのである。〉

真之とは勿論、作戦参謀秋山真之。大本営への電文はすでに出来上がっていました。

〈「敵艦見ユトノ警報ニ接シ、聯合艦隊ハ直ニ出動、之ヲ撃滅セントス」〉

用意周到な文章で、この電文が世界に晒されても決して好戦的開戦でなくロシア帝国、バルチック大艦隊が侵入して来たので、我らは祖国防衛のため出動したと言い分けしています。更に「撃滅セントス」も戦略的に一隻でも撃ち洩せば戦況は一転、日本軍は必敗の形勢に墜ちるのは確実という現実認識がいわせたものです。決して、粉飾やはったりではない必死の一語でした。これで充分の電文ながら、真之は明日の天気予報の一文を奇貨として、「本日天気晴朗ナレドモ浪高シ」と足すのです。

敵艦隊の船影は見晴らしがよいため発見しやすいという利点と白波立つ海上は連合艦隊が得意とする砲弾射撃の正確さに天佑であると真之は確信。

彼は十三文字を足し写生派俳人の句のような電文にして打電したのです。

わずかこの一行の文章により、何やら血なまぐさい海戦に「詩」が漂うから不思議です。そして世界海軍史上、最も美しい軍事電文と後に称えられることになります。

直ちに抜錨、出撃。同日玄界灘沖にてバルチック艦隊と遭遇。午後二時二分、連合艦隊敵前横断の「T字戦法」開始。ロシア艦隊砲撃開始、二時八分。日本艦隊反撃開始が二時十分。国家の命運をかけての日本海海戦が始まるのですが、この小説の最大の活況を書き出す直前に、司馬さんはどうしてもその古戦場に立ちたいと仰ったそうです。そこに立ち、潮風や日射し、温度、湿度を感じなければ、資料のみでは書けないと思い詰められたのです。

さあ、ここからレジェンドです。真偽さだかではありませんが、その海上の一点の古戦場を体験するために特別機が用意されたと聞きました。パイロットはこの賓客に対し、丁重に「ここもそこも変わりません。ただの海です」と説明したそうですが、司馬さんは「そこへ」と強く希望されて、フライトは決行されたと聞きました。その機内、小さな丸窓から海ばかりの海を見下ろす司馬さんにはきっとありありとバルチック艦隊の砲弾を受けつつも、反撃の陣形を組む連合艦隊が、あるいは着弾の炸裂煙に包まれ、落下弾の水しぶきに濡れつつ、尚、双眼鏡を手に艦橋にたつ東郷平八郎司令官までが見えたのかも知れない。そう思います。それが司馬さんにまつわる伝説であろうと、この作家の作品に対する姿勢、こだわりがありありと伝わって来るのです。凄いです、この人。

そしてもうひとつ。

これもまたレジェンドです。でも、司馬さんらしく、情景がありありと伝わって来る挿話です。「信長」について物語を書いておられたか、あるいは「街道をゆく」紀行の旅の途中のことかもしれません。その情景は担当の編集スタッフが書き残されたエッセイで知ったのですが……司馬さんはある史実を体感するために古戦場を歩き、時に古街道も歩かれた。城を出て、その古街道を軍勢がゆき、何日で戦場に到着したかは重大な物語の足場となります。で、その足場を正確にするために五万分の一の地図を指で辿《たど》りながら古街道を歩かれたそうです。その姿は写生に出た小学生のようで、画板に張り付けた地図を紐で首から吊るし、腹で支えて、その道を駆け抜けたであろう軍勢の気配を猟犬のように探《さぐ》られておられた。司馬さん付きの編集スタッフが歴史探索の旅の話を月刊誌に書いておられました。その時、そのスタッフは「信長」についての謎を解くため、司馬さんに同道、付き添っておられたそうです。

「信長」という史上の人物は謎の多い武将です。

天才ゆえか、確信の行動ゆえか、戦場での指揮や作戦に不可解が多いのです。で、ここまで語ってなんですが、そのエッセイを掲載した月刊誌を無くしてしまいました。探しても見つかりません。備忘ノートにも控えなし。で、ここからはその文章を、その記憶のみで綴るほかなし。正確さを欠きますが、何卒、御容赦下さい。で、続けます。多分、多分ですがそれは姉川の合戦だったと思います。天下取りをめざした合戦のひとつだったと思いますが……ざっとの戦況ですが、義弟である浅井長政の裏切りに遭い、朝倉軍と挟み撃ちにされる「信長」。それでも彼は両軍に対して倍に近い軍勢を率いていました。ところが「信長」はいよいよ合戦という潮目になった時、突然、その戦線から単騎で逃走していきます。圧倒的に数で優る味方をすべて置き去りにして、逃げ出した「信長」です。その不可解を解くために、司馬さんは日暮れの古街道を地図を指で押さえつつ右往左往しておられた。確か、そうだったと思います。

で、その旧道を猛スピードで登って来るトラックもあり、スタッフの方も気が気ではなかったでしょう。脇をすぎるトラックから両手を広げて司馬さんを守っておられたらしい。ただ司馬さんは元亀《げんき》・天正《てんしょう》の頃におられる。五感を澄ませ、この峠を越えた「信長」と数騎の供侍の痕跡を捜しておられる。そして、峠のてっぺんを何度目かの往復の後、その足が止まり、ポツリ、「わかった」と呟かれた。足で古街道の傾斜を感じつつ、大気に触れ、日射しに触れ、司馬さんの第六感のチャクラが開いたのでしょう。司馬さんは独《ひと》り言《ご》ち、その新説を歩きながら披露なさったがスタッフも深々と納得した仮説だったそうです。

それが確か……兵站《へいたん》、現代語でいえば、前線を支えるロジスティックス、鉄砲、火薬、弾丸から槍、そして食糧、寝所などのベースキャンプを設営すべく「信長」自ら走ったのではないか、と、確かそんな新説だったと思います。「信長」はリアリスティックな武将でした。織田軍の兵士が弱兵で、数で優っても、前後から攻められれば、たちまち総崩れになることを知っていました。その弱兵をどうするか。武器・物量で支え、飯を喰わせてしっかり休ませる。人は「弱い」という現実から、彼は合戦にいかにして「勝つ」かを思案する武将でした。その「信長」のリアリズムが司馬さんはお好きだったようです。故にその探索の旅は満足だったでしょう。「信長」の不可解をひとつ解いて、やっとのどかな司馬さんの笑みを見たスタッフでしたが……ここからは幻影です。

その耳に異様な物音がきこえて来ます……峠の下から数騎、馬の蹄の音。スタッフの彼のそのエッセイの結び、これが素敵なのです。確か、こんな内容でした。

彼の目に「幻」が見えます。先頭の栗毛馬に跨《また》がり、西洋鎧の胴に裏地緋色の黒マントを翻し、「信長」が駆け登って来たそうです。数騎の供侍を従え、眼光、炯々《けいけい》とした「信長」が来ます。

それは勿論、夢幻。日がな一日、「信長」を探した日射しの熱が身体に籠《こ》もり、大気の冷えた峠道の夕暮れがそんな夢幻を呼び寄せたのでしょう。

夢幻の「信長」はふたりの脇を駆け抜けます。しかし、のどかに煙草なんぞをくゆらす司馬さんの背後を走り抜ける時、司馬さんを鋭く睨み、信長は一喝、

「見破ったか」

と不敵に笑いつつ、たちまち幻の一群は元亀・天正の時空へ消えたと締め括られていました。

思い出しつつ書いておりますが、確かに忘れ難き読後の味わい。そのエッセイでした。

司馬さんのそばにいると時として時空の壁が破れ、史上の人物が取材に応じるような夢幻

が出現することがあるのでしょう。

是非、若い方、司馬作品に触れてみて下さい。この人の紡いだ作品の夢幻は耐久性が抜群。この人から贈られた夢幻は五十年を経て私の胸にそのままあります。私の場合、夢幻は「竜馬」。

私が証拠です。

晴耕雨読 I

二〇一三年、八月末の夏のこと、連日の雨でとうとう二日ばかり福岡に足止め。NHK地方局製作ドラマのロケ撮影が押しに押して、そのまま貴重な休日となる。故郷なので不満はないが、当然、降り止まぬ雨で外出は不可。

そこで、ひたすら読書に充てて過ごす。運よく面白い本に遭遇していて、読書感想文のノートに、「ピタリと動かず夢中で読む」と書いている。

で、日付けを変えて、「三日間で読了。この本を読むための雨か」などと書いていますので、何か神妙な思いが読後に残ったのでしょう。

事実として、私は六十代の半ばでありながら、それから一年後、この一冊が指し示す方角へ歩き出すのです。ですが、ここから順番にその出来事は報告するとして、一体その本の何に魅入られたのか整理します。

晴耕叶《かな》わず雨読でなく、雨読のために十日も降り止まぬ長雨でしたので、ノートには胸を震わせた著者の文章を抜き書きする暇もありました。

辿り返す本は、『修業論』（光文社新書）。著者は内田樹氏。

内田氏は合気道高段者。この時すでに師範を名乗れる技と境地にあり、大学教授にしてフランス現代思想の哲学者。

武道・合気道をフランス構造主義の哲理で裏打ちして語るのが、この方の興味深さです。そしてこの方の文章の巧《たく》みさは、読むうち知らず知らずに、読者を問答に巻き込んでゆく実況感というかライブ感があること。『修業論』では当然ながら読者に「何故武道が必要か」と問うのです。

で、そりゃあまた当然ながら、「敵」を想定したからで、その「敵」から身を守り、襲って来た罰としてビンタの一発でも張り返せたらいいわけです。その度胸と腕っ節こそが武道とも思うのです。すると著者は「では、敵とは何か」と問うて来ます。ええっと……と考え込む読者に成り代わり、段取りよく、著者は「敵」を手際よく、こう集約。「敵」というものは、

〈「私の心身のパフォーマンスを低下させるもの」である。ある時間、ある場所において、

「私」と共にあり、私を打ち倒そうとするもの、私の可動域を制限するもの、私の自由を損なうもの、私の全能に抗《あらが》うもの、私を怖れさせるもの、私を不安にするもの……それが「敵」であると定義した。〉

頭がいい。見事です。忽《たちま》ちに、人生の様々な場面で遭遇した「敵」の姿が思い出されますし、これから私が出会うであろう「敵」の輪郭も、こう定義すると判然と見えて来ます。

しかし能《よ》く能《よ》くこの定義を読み返すうちに、ふと困ったことに気付きました。上記の〝私の可動域を制限するもの〟に、ふと妻の姿を結んでしまったのです。だってそうでしょう。「飲み過ぎ」と叱りつけられ、「食べ過ぎ」と重ねて叱られる。「ホラ、また汚した」「どこ行くの」「なんで連絡せずに帰って来るの」と当り散らされ、止めを刺すように「便、臭い」と手の甲をものさしで叩くような小言《こごと》。

私を鞭《むち》打つ妻の躾《しつけ》の叱声こそ〝私の可動域を制限するもの〟。

とすれば妻は「敵」か。

更に、皆様も御経験ありでしょう。何やら悩んでいる様子の娘が気掛かりで、その部屋の扉を押した瞬間、「ノックして」の金切り声もまた。

「学校はどうだ？」と息子の肩に手を置けば、「ウゼエ……」と唸りながら振り払う、その抗いの手。〝「私」と共にあり〟の我が子らの反抗こそ、正に「敵」ではないか。ギクリと我が身を振り返らせて、更に著者は、別の思い掛けない「敵」を指差します。
〈そもそも、武道家の身体能力をもっとも確実に損なうのは、加齢と老化なのである。（中略）だからもし、加齢や老化を「敵」ととらえて、全力を尽くして健康増進とアンチ・エイジングに励んでいる武道家がいたとしたら、彼は生きていること自体を敵に回していることになる。〉

家族だけではない。「敵」を定義し、排除しようとすれば、我が身を含めてすべてが「敵」となってしまう。では、どうする。著者は言う。
〈たしかに加齢や老化や疾病や外傷は、私の心身のパフォーマンスを低下させる。だが、そのときに、病や痛みを、「私」の外部から到来して、「私」の機能を劣化させるものとはしない。それらを、久しく「私」とともに生きてきた「私の構成要素の一つ」と考えるのである。〉

なるほど。頷く。まるで合気道の技のような論理の運びです。それから武道において、「敵」の定義を間違えると、家族を攻撃したり、我が身を傷付ける自傷行為をくり返すことになると著者は教えます。

ではどうするか。「私は敵に立ち向かう」という文章の主語と目的語を変更せよ、というのです。著者はこういいます。

〈武道の伝書が繰り返し教えてきたのは、「私」という概念を書き換えないと話は始まらないということである。〉

どう書き換えるのか。「私」も「敵」も消してしまえ。「私」も「敵」もそのようなものは実はこの世にない。それはあなたが勝手に作った構築的概念で後付けの言い分け。夜の帰り道のひとり言である。

その文章の主語である「私」と名乗る「自我」の正体を著者はこういう。

〈「自我」などというものは、（中略）幼児には存在しないし、睡眠中にも泥酔したときにもうまく機能しないし、死期が近づけば混濁する。（中略）自我は生きるための一個の道具に過ぎない。〉

上記の三行を眼で辿った瞬間、私は呻き声をあげてしまいました。

仰る通りです。だがこんな理屈は六十数年、生きて来て聞いたことがない。

だって、そうでしょう。「自我」とは「私」のことで、その「私」を著者は、「一個の道具に過ぎない」と言い捨てているワケです。「私」を守らずに、私は一体何を守ればよいのか。例えば、です。中学校の校舎の陰、イジメに泣く少年がいるとする。間もなくやって来るイジメの連中に相対するとする。この少年に護身のために何とひと声掛ければよいのか。親なら「すぐに職員室へ」というだろう。教師なら「教室へ」と逃がすだろう。校長なら「教育委員会に縋《すが》れ」と教えるだろう。では、武道なら、この少年にこの非常時、何と声をかけるか。その前に、著者は非常時の「私」の取り扱いをこう教えます。

〈「守るべき私」を忘れたとき、最強となる〉

忘れろというのです。

びっくりしました。この一行に遭遇した時。「私」を大切に守るための「武道」が、めざせと教えているのは実は「私」を捨てるための技術というのです。なんと凄みのある一行か。この理屈を著者は三段跳びのような跳躍でこう諭《さと》します。

〈生命活動の中心にあるのは自我ではない。生きる力である。それ以外にない。自我も主体も実存も直観もテオリアも超越的主観性も、生命活動の中心の座を占めることはできない。（中略）

だから「自我があるせいで、生き延びるのが不利になる」状況に際会すれば、「生きる力」は「自我機能を停止せよ」という判断を下すはずである。〉

〈非常時には「自我」がリスクとなる〉

この文章の頁《ページ》に指を置いて、なぞり読み納めた時、暫《しばら》く唖然、虚空を見つめておりました。私はここまで生きて来て、こんな理屈を聞いたことも見たこともない。空前絶後のこの理屈。

イジメに泣く少年同様、老いの坂に足腰の弱りを覚え、萎《しな》びてゆく自我に俯く年頃の私。著者の理屈は私にとって正か誤か。再読《さいどく》、そして……その読書感想文のノートにそれらの文章を拾い、書き写しながら最後の行に感想として、（なんと美しいコトバ）と書き添えました。

著者の言葉には威力があります。これらの言葉は思惟《しい》を重ねて掬《すく》われた理屈でなく、身体が息を切らして辿り着いた境地ではないか。そう思うのです。稚拙《ちせつ》な例えながら、校舎の陰でイジメに震える少年にこの著者はなんと声を掛けるでしょう。私の想像ですが、彼はこう言うでしょう。「道場へ」。その声が有り有りと聞こえたようで、降り止まぬ雨に感謝しながら、濡れて仄暗《ほのぐら》い博多の街を宿の窓から見ておりました。そこから私はこの著者、内田樹氏の言葉に巻き込まれてゆきますが、その機微は、又。

英文日記

ある日のことです。その日記のその頁から6・15と日付けを打ち、曜日を（Sat）と書いてみました。思うところあって、日記を英文にした日が、二〇一三年のその日でした。何故《なにゆえ》の企てか。先ず日本語で書くことに飽きてしまいました。

何十年も書き繋いだ日記ですが、読み返したりしませんから、埃《ほこり》と同じく積もるばかり。綴られた日々は似たり寄ったりで読み返したところで面白くもありません。そこで一計、いっそ英文で書いてみるかと思い立ったわけです。

まあ、大型書店の英会話の棚をのぞけば、「英語で日記を書いてみよう」等、便利な本がありまして、他人の日記のなぞりから始めたのです。

で、記念すべきその一頁目は——

I got up at 5:00am, and worked on report for radio program as a conversation

pieces.
And I stayed home all day reading books watching on TV, US open championship.
It was very exciting.

「朝5時起き。ラジオレギュラーのネタ拾い。一日、読書、テレビのゴルフ中継見てすごす。面白かった」と。この程度の一日でも英文にして読むと中々、音読の響きはよいものです。どこぞの宰相の回顧録のよう。ただこれしきの英文でも、前置詞の「at」「on」「for」等は日本語の「てにをは」同然に難度高く、冠詞の「the」「a」「an」の違いなどは不可解。単数・複数の表記から時制に拘る文法がややこしく過去形から過去完了形、現在進行形など実に煩瑣《はんさ》。それでもテストや入試が待つわけじゃなし。老いゆく脳に腕立て伏せの脳トレと思えば東大生の考案したクイズより効果覿面《てきめん》。書くにしろ、読むにしろ頭を使います。それに日本語では書く気もない不機嫌や不幸なニュースも英文ならどう書くかとその一行、その一句を探しても認《したた》めたくなるから不思議です。以下、女房との口論を英文で綴ってみました。

7・4（Thu）

I fought with my wife over a little thing.
My wife is been in a bad mood lately.
When we had dinner, she said me, "Your body smells bad. Particularly, after you used rest room."
I felt so upset. I don't know what she had.
But she shouldn't take it out on me!

「女房、近頃機嫌悪し。ささいなことでケンカ。晩飯の時、特にトイレを使った後臭い、と言われ面目丸潰れ。何があったか知らないが、八つ当たりすんな」

　とこうなるわけです。ね、面白いもんでしょう。「面目丸潰れ」で使った語の upset なんか、ひっくり返すと set up で意味もひっくり返り、「顔を立ててくれる」になるんですって。この英単語を作った奴は粋な奴ですなあ。で、書き続けて一年後。その年の8・21(Thu) に天災のニュースを聞いて感想を綴っています。文字表現の心理でしょうが、次第に複雑な言い回しを好むようになったようで、こうです。

8・21 (Thu)
In KANTO area, it's boiling hot, but in HIROSHIMA, it has been raining for all

this week.

And, the heavy rain caused a large-scale land slide in suburb of HIROSHIMA. The flood and the landside washed away many houses, and a lot of lives have been sacrificed.

「関東はうだるような暑さ。しかし、広島は今週、雨降り続く。そして豪雨、地すべりを引き起こす。大雨と地すべりで家流され、多くの人命が犠牲となる」

で、その次の一行は英訳の完成までに三〜四日、かかった一文です。

It rained twice as large as the average rainfall for August in just one day yesterday.

「昨日一日で八月、一ヶ月分の二倍の雨が降った」

as large as なんぞ懐かしくて、如何にも英語やってるという感じでしょ。

近頃の気象予報士の常套句にもなった表現。英文にするには手間のかかる表現ですが、まあ、そんなややこしい天気の下で生きているのですなあ、今は。

のどかな顔をした方の多い気象予報士の方々ですが、いざ集中豪雨、台風直撃、それに緊急地震速報となると「直ちに命を守る行動を」と、厳《いか》めしい言葉使いの権能を与えられた故に、表現も顔つきも難しくなったのでしょう。お気の毒に。尚、天気は英語でweather。本来は「荒天」の空模様をこう呼んだらしく、天気への警戒心がこめられた英単語です。日本語は天気に「晴天」が既に込められていまして、機嫌のいい一語です。天気予報官も今は weather forecast で英語風になったということでしょう。

で、その年の秋のこと。忘れ難き方々の永訣の日が続きました。

11・12（Wed）の日付けで、以下。

Today, I was sad to hear the news.
Midori san who was RYOTAROU SHIBA SENSEI’s wife passed away at age 85.
I’ll never forget that she was kind to welcome me at the first time I met SHIBA SENSEI.

「この日、悲報聞く。司馬遼太郎さんの奥さんのみどりさんが八十五歳で亡くなられた。司馬さんと初めてお会いした時のみどりさんの御親切は忘れません」

もう三十年も前になりますが、東大阪の御自宅を訪れ、昭和の大作家、司馬さんに会っていただける機会を得ました。その司馬邸の玄関扉を開いた時、玄関で迎えて下さったみどりさんの声、まだ耳奥にありありと響き残っています。私どもの来訪を伝える少女のような明るい声でして、「お父さん、この人がタケダさんよ。この人がリョウマリョウマと騒いで下さるから、お父さんの本、また仰山売れてますねん」と。

みどりさんのあの声で私はどれほど手足の自由を得たか。その英文日記の締めは常套句ですが、

Please let me pray for the soul of the deceased.

「御冥福を祈ります」と置きました。で、この日からわずか一週間で、また悲報でした。

11・18（Tue）の日付け。

Misfortunes came one after another.

KENSAN passed away of lymph cancer.

I can't thank him enough. I owe you my life.

「訃報続く。健さんがリンパ癌のために逝かれた。御礼も出来ず、私、今日あるのはあなたのおかげ」

「I owe you my life」は常套句ながら、そう呟く時、この人のいくつもの笑顔が瞼《まぶた》の裏に染みます。五十年も昔のこと、生まれて初めての映画出演と演技の体験だった「幸福《しあわせ》の黄色いハンカチ」。あれは、春。五月の北海道、陸別駅前の小さな食堂を借り切っての撮

影で何度やっても「ＯＫ」の出ない山田洋次監督の演出にただおろおろするだけの私。そして懸命に、もう必死で演じてやっと終わった一日。茫然自失《ぼうぜんじしつ》、その現場から数百米《メートル》先の旅館まで歩いて帰る重い足取りの夕方、疲れ切った私の耳元に太く重い声で掛けて下さった、ひと言、

「あのなあ、あの監督はのびない奴はしごかないらしいゾ」

振り返ると悪戯っぽく笑顔の健さんで、張手一発、背中を打って、私を抜いてゆかれました。

　また忘れ難き、別の笑顔もあります。

　その年の暮れ、初冬の銀座の巨大な映画館で「幸福の黄色いハンカチ」は試写上映会。宣伝を兼ねた初御披露目で、出演者一同は劇場エントランスで関係者やメディア、公募の観客を迎える趣向でした。二十七歳のフォークシンガーだった私に、その日々は運命の曲がり角でした。春に女の子が生まれ、親になったばかりの私で、その激変の一年に二十三歳で母になった妻の労苦に酬《むく》いてやりたくて、華やかなそこへ彼女を呼び寄せたのです。

　ですが、まだ乳呑み児の娘が彼女の胸から離れなかったようで、随分と遅れて来ました。すっかりお客様も入り切り、エントランスの出演者も舞台挨拶の支度へと楽屋へ引き上げ

始めていました。そこへ、女房が大理石の階段を息をはずませて駆け上がって来たのです。上映開始に間に合うかどうか気を揉んでいましたから、ホント、思わず「急げ急げ」と呼び、いそがしく手招きしていました。その声で、その人は私たちの事情をすべて察して下さったのでしょう、踵《きびす》を返して、元の位置に立って待ってくれました。駆け上がって来た女房を、「妻です」とうれしく紹介すると、その人は踵《かかと》を揃えて直立、そして深く一礼。顔をあげると私の背中に手を当てて、少年のように微笑みながら、
「高倉と申します。この度は武田君に大変お世話になりました。感謝しています」と。

二十三歳の妻はその声とその一礼に触れ、兎のように眼を赤くして、唇は笑んだまま茫然とその人を見上げていました。女房は六十を過ぎてもこの話になると同じ表情になります。その一瞬は四十年ほどの歳月の中で彼女にとって「一番幸せだった時」、だそうです。これは格別の好意を与えて下さったという私だけの出来事ではありません。

それは高倉健という人の仕事仲間に対する返礼の流儀で、共に仕事をした共演者への挿話《エピソード》の贈り物です。情熱を持つ者にこの人はいつも同志の笑顔で微笑む人。この人から仕事の技術でなく、作法を教えられたような気がします。

で、この人が愛した一語があります。確か比叡山の高名な大阿《あ》闍梨《じゃり》さんから贈られ、座

右の銘にされたと聞きました。その一語、自力独行を諭す仏道修行の偈《げ》であり、それは詩《ポエム》です。

「往く道は精進にして、忍びて終わり悔いなし」

健さんが愛し、唇で何度もなぞったであろう、その箴言《しんげん》。

この偈も教えて頂いた作法のひとつと思い、時折、唇でなぞっております。がそのまま、呟くのは失礼かと思い、我流で英訳しました。

Let me make more efforts on my way of living.
Bear the unbearable, and die quietly someday.
But I have no regrets.

「さあ、この人生もっと努力しよう。耐え難きを耐え、いつか静かに死ぬ。悔いはない」

ヘタな英訳なのは判っていますが、この英文を声にして呟く時、あの大好きな人の手のひらをふと背中に感じるのです。

で、英文日記はまだ続いておりまして、日々を母国語以外の言葉で文章にすると何やら日々の出来事の違う読み方が出来るような気がして、今も習慣にしています。

あべこべ言葉

六十も半ばを過ぎて、スマートフォンを手にしました。そこから、一年ばかり、若いスタッフの指導のもと操作を学んでいます。やや大きめのかまぼこ板ほどのサイズで資料調べ、ど忘れ人名探し、時にカメラでアルバムにもなり、今日のニュースから英和和英辞典まで、この「小さな巨人」の多機能に驚嘆しています。更に「Siri（シリ）」なるＡＩで英会話までこの「板」に教わっています。

実に八面六臂《はちめんろっぴ》のドラえもんなのですが、未来からやって来たせいか戦後昭和に生まれた私との交信が不調に陥る場面があります。これは、ある日の朝のこと。散歩へ出かけ、世田谷の住宅街の裏道で、バッタリ狸と目が合いました。

いるんですねえ、こんなところに。

奴は梯子《はしご》模様の横断歩道の真ん中でピタリ足を止めて凝然と私を見つめています。もう一度、犬か猫かと見つめ直しましたが、狸です。

九十万を越える人の住む街で、すぐ脇には電車が忙しく往復する道です。立ち尽くす私の後に次々と人が溜ってゆきます。その道を右へ折れれば学校がありまして、そこの女生徒さんが私を盾に、後ろから覗き込みつつ、「狸？」「狸ですか？」と聞いてきます。「狸ですねえ」と応《こた》えているうちに、狸の奴、何か用でも思い出したように、ツイッと面《おもて》、横向けて、歩道を渡り切り家並みの陰へ姿を消しました。

「狸でしたねえ」をくり返しながら、つかえた列も流れ出し、散開となったのですが、これは英文の日記に書き残すには好材料です。

で、家に戻ると机にむかい和英アプリを呼び出して、「私は狸と出会った」と書いて、英訳を指先で頼んだのです。すると、出て来た英文が、「I met a cunning person」。あれれ、です。確か、狸は raccoon dog です。「a cunning person」とは、どう読んでも「カンニングしている人」で、漫才のサンドウィッチマン、トミー（富澤たけし）さんのボケフレーズ「ちょっと何言ってるかわかんない」と呟くばかり。で、よくよく読み返すうちに、「カンニングしている人」を「ズルい人」と読んでみて、和英アプリの意訳が理解出来たのです。つまり和英アプリは日本語のスラングで「狸」を「ズルい奴」と訳して、私がバッタリ、ズルい人に出会ったと思ったわけです。なるほど、「狸」の一語は中々、多義で、野辺では生き物の狸でも、耳打ちで囁けば人物評で「ズルい奴」。そば屋で使えば「麵」類で、時代劇で使えば「徳川家康」にも化けて一語にして実に多義。

そう言えば、日本語には民族史的にも一語多義やあべこべ言葉を敢えて会話に用いて話を妙に複雑にする奇習があるようです。

個人授業で英会話を教わっていた若き英国女性が、「ちょっと何言ってるのかわからない」と嘆いていた一語がありました。それが「いい加減」。

「いい加減なこと言うな」なら「irresponsible」で「いい加減な気持ち」なら「half-hearted」。「いい加減な奴」なら「sloppy」で、ふざけているなら「nonsense」。ころりと転じて、加減がいいなら「good feeling」「right」「just」で、甘さや湯加減をほめて、減量なんかで食事を加減しているなら「adjust」と使い分けねばなりません。

まあ、ざっとですが「いい加減」「湯加減」「味加減」に制限している「加減」は、英語圏では十三以上の使い分けが必要な一語です。

この他にも、英国女性が奇妙とまで評した一語が「おめでとう」でした。

これは、結婚するふたりにかける「おめでとう」で、「congratulation」「happy」。更にその後、ふたりに「expecting a baby」が産まれることになれば、「おめでた」。でも一方で、「あのふたり、めでたい奴らだ」と囁かれれば、「foolish」の「バカ・間抜け」の意へ転じるわけですから難儀な一語です。

「happy」から「idiot」へ化けるわけですから日本語とは匙加減ひとつで毒にも薬にもなる国語です。

一語に多義を重ね、あべこべにもするこのリバーシブルな言葉使いは一体なんのためなのでしょう。

ノーベル文学賞作家の大江健三郎氏はこんな日本語の韜晦《とうかい》、難渋《なんじゅう》に「曖昧な国、日本」と苛立《いらだ》ちました。頭のいい人はこんな島国の国語に腹がたつのか、と凹《へこ》んでいました。でも人生、後半に到り別の頭のいい人内田樹氏の言説に触れ、ハラリと青春からの気鬱が落ちました。やっぱり、いろんな人の言葉にはふれてみるものです。で、内田先生、なんと仰ったか。『先生はえらい』（ちくまプリマー新書）。その１０３頁、１０９頁にこうありました。

〈コミュニケーションの目的は、メッセージの正確な授受ではなくて、メッセージをやりとりすることそれ自体ではないのでしょうか？〉

〈おそらく、コミュニケーションはつねに誤解の余地があるように構造化されているのです。〉

私どもの国語はこのようにあべこべの言葉を文脈に仕掛けることによって「ちょっと何言ってるのかわかんない」脈絡の混乱を意図的に生じさせ、「だから」と勢いをつけて語り直すところにコミュニケーションの本質を置いているのだと仰る。言葉を言葉の通りに聞かず、真逆にして聞いてくれというのは成熟した者でなければ理解出来ないコミュニケーションの技術です。

リポートの論理でなく、ラポートの情の言葉使いのためにあべこべ言葉があるのでしょう。確かに「言いたいことはわかった」という言葉使いは、コミュニケーション中断の捨てゼリフでもあり、「あなたのことわかった」と女性が切り出せば、別れを覚悟しなければなりません。

また、女性は「アンタなんか大嫌い」という言葉使いで、「好き」と伝え、時に父は「おまえなんか出て行け」と怒鳴りつつ、「ゆくな」と止めることがあります。

内田先生は、コミュニケーションの本質は誤解すること、聞き間違えることによって、「ちょっと何言ってるのかわからない」と聞き直し、相手が「だから」と語り直す、将《まさ》にその瞬間に成立すると仰る。

サンドウィッチマンの漫才で、トミーさんのボケがくり返されるたびに、伊達（みきお）さんの苛立ちが笑いを誘うのは、コミュニケーション成立の確かさに安堵するから。ヘタな女優さんは「好き」というセリフを「好き」という意味でしか使えません。

人は正しく誤解せねばなりませんし、させねばなりません。この内田先生の言説は何と思い当ることの多いことか。そして、私の胸を最もときめかせた一文がすぐに用意されていました。

〈人間の個性というのは、言い換えれば、「誤答者としての独創性」です。あるメッセージを他の誰もそんなふうに誤解しないような仕方で誤解したという事実が、その受信者の独創性とアイデンティティを基礎づけるのです。〉

そうですね、聞き間違える、読み間違える、見間違えることによって、人は個性的であり、間違う時のみ個性的なのです。つまり、ひとつしかない正解は人と人との会話を終了させますが、誤答は会話を継続させ、誤答によって唯一無二のこの私らしさが育てられてゆくのです。

思い当ります。高校時代の友人、ハンドボール部のキーパーの伊東君。

世界史の授業でローマ帝国の独裁官、ジュリアス・シーザーが暗殺者の剣で腹を刺し貫かれた時、何と叫んだかの問いに、ただひとり、「うぐっ」と答えた伊東君。伊東君はその誤答によって五十年後の私にとって唯一無二の思い出です。この伊東君と将来を語り合った帰り道、「俺は坂本竜馬になる」と言った私に「バカ」と笑ってくれたのも彼です。そんな我らに内田先生は分かり易く不良言葉でこう教えてくれます。人間の本性に迫る知見で、

〈オレのアイデンティティというか、余人をもっては代替不能であるところの「かけがえのなさ」というのは、まさにオレの「バカさ加減」によって担保されていたわけだ……〉

この言に重ねるように先生はバカについてこう仰っています。私の意訳で紹介します。

大人と幼児のちがいは、賢さとか世間が判っているからではない。とりあえず、〈自分のバカさ加減を知ってしまった〉者が大人なのである。どこで間違ったかを知り、よく理解出来ない人と共にうつろいやすい日々を生きている不確かさこそが大人なのである。

なんと人（そして私）をはげます言葉でしょう。十八の時、司馬遼太郎『竜馬がゆく』を読んで、この本は俺のために書かれた本だと誤解したところから始まったバカでした。「坂本竜馬」になりたくて、故郷をとび出し、「海援隊」などと力んで、旅に歩き……兎《と》に

角《かく》、バカを重ねてここに至った私。しかしこのバカさこそが私を唯一無二になさしめた道標でありまして、賢ければきっとどこぞで朽ち果てていたでしょう。そう思えば恐るべし、「誤解する力」です。このバカさ加減については堰を切った如くあふれ出す思いあり。章を区切って内田先生の指摘なさった「誤解する力」を伝ってゆきたいと思います。

で、ここでひと間、閑話休題。

スマートフォンを手にして一年、英語話者の「Siri」を呼び出し、京都の天気をききました。その季節、ＢＳ-ＴＢＳで「水戸黄門」シリーズの撮影中で、狸と会ったその日の朝が京への旅立ちという日程。確か午後から洛外、木津川土手の歩きのシーン撮影があったので「Siri」君に尋ねたのです。「What's the weather in Kyoto, today?」程度の初級質問です。で、「Siri」君はというと、「What kind of leather?」と聞き返して来るのです。どうやら「weather」と「leather」を聞き間違えているよう。なんと発音に手厳しい「Siri」君です。前期高齢者の「黄門」役の芸人がわずかでも己を前進させようと学び始めた英語です。

少しぐらい発音が下手でも、そしてこの夏、関東でも気温四十度を越える酷暑が続く夏に誰が革製品を話題にするか、忖度しろと注文をつけました。「Siri」に腹が立ち、思わず捨てゼリフ。「You are Siri, I am KOUMON」と皮肉を告げますと、彼が問い返して来た一言が「Hey, I don't know what to say」で、「ちょっと何言ってんのかわかんない」。

彼もまた、私とのコミュニケーションへの意欲はあるようです。もう、しばらくスマートフォンの中にいて貰うことにしました。

これしきのことで怒れば、ケツの穴の小さい奴だと思われますよね。

なくて七癖

手癖が悪かった、私です。

盗み癖です。我が家は煙草店を営んでおりましたので、貧しいとはいえ煙草を売る店先には釣銭入りのブリキ缶があり、そこから十円玉を数枚つまみ、ポケットに落して、私鉄駅近くの映画館の闇へもぐり込んでいました。

八つの頃のことです。

福岡市の外れ、雑餉隈《ざっしょのくま》という古代めいた地名の町で、私が小学校へ上がる頃から宅地造成が急速にすすみ、田畑が消えて人の街へ様変わりしてゆく町でした。その駅前から、線路を渡るとまっすぐに商店街が伸びており、枝分かれした路地の奥に五軒も映画館がありました。百席がやっとの規模でしたが、新東宝・東宝・洋画系・日活・東映と五軒ありました。

テレビが押し寄せる前、家庭での娯楽はラジオのみの時代でしたから、どの映画館も時として出入りの扉が閉まらぬほどの大入り満員の週末がありました。八つの少年の私には十円玉三枚で覗けるスクリーンは胸のときめく異世界でした。

因《ちな》みにポツリと洋画館があったのは、福岡は朝鮮動乱の米軍の前線基地がいくつもあったからです。隣町には米空軍のベースキャンプ、米兵の姿や米軍用車の疾走は日常のものでした。そんな戦後のにおいのする混然《こんぜん》とした商店街を抜けて、映画館の闇へ通い続けたものでした。

その闇に浮かぶスクリーンには週替わりで物語が流れてゆき、少年の私は、ゴジラやモスラ、ゼロ戦や戦艦大和、小林旭や植木等、加山雄三、浅丘ルリ子に夢中でした。

学校から帰るとランドセルを放り出し、釣銭を盗んでは、どこかの映画館の闇に潜り込んでいましたが、それが週に二度、三度と頻繁になるとさすがに目立ちます。忘れもしないオカッパ頭のムラカミという女の子に見つかり、担任の先生にちくられ、先生の家庭訪問から母の知るところとなり、叱責・折檻。庭箒《にわぼうき》で何回か背を叩かれ、叩くほうの母が泣いていました。長兄が東京の私大へゆき、その学費の工面のため必死で働く母でしたので私の盗みは情けなかったのでしょう。

私は八歳ながら、母を気の毒と思い、すまなく、反省もしたのですが、手癖は治りませんでした。新作映画のポスターと目が合うと、手癖が疼き、その後も十円玉をつまんでいました。

善悪の判断はついています。しかし、その悪さを火で炙《あぶ》られるが如くくり返し、火に焦《こ》がれるが如く映画館へ私を通わせました。

ところが、小学校も高学年になるとその盗み癖がピタリと止みました。

私に別の悪癖がめばえ、交替するように盗癖が治まったのです。

次なる悪癖が珍妙で、丸暗記の癖というか、蘊蓄《うんちく》バカというか。

切っ掛けは図書室にあった『日本と世界の偉人たち』。電話帳の大きさ重さの人名辞典で、この一冊を貸し出し、返却をくり返しつつ、半年ほどでほとんど暗記してしまいました。

偉人たちの五百を越える人生の運命、変遷、功績、辞世まで姓名は勿論、ささやかなエピソードまで諳《そら》んじることが出来ました。

私は小学校高学年になるまでどこかボンヤリした成績不振児で、カタカナとローマ字が書けない、読めない子でした。

それが辞典一冊丸ごと頭の中に書き写していた訳で、「癖」としか名付けようのないバイアスです。この異様な情動は学校の勉強にはさっぱり向かわず、ふと嵌《はま》るとすべてを放り出してそれに夢中で取り組む、無用の才でした。

少年期が過ぎ、思春期の頃までこの「癖」は続き、中一の時、石川啄木の歌集『悲しき玩具』を一冊丸ごと暗記して、時折、口遊《くちずさ》む妙チクリンな十三歳の悪ガキでした。

少年期から思春期まで、柔らかな記憶力に刻まれた映像やら音声、文字の印象やら言葉の響きは克明《こくめい》で、厖大《ぼうだい》です。

しかしこれらは知識としては学業成績に関係なく、ただのガラクタです。

ところがです。これらのガラクタがこの先の壮年期《そうねんき》になると有用な道具に一変するので、人生、生きてみないと判らないものです。

青年期、二十三歳の時、私は大学をドロップ・アウト。フォークソングというジャンルのシンガーを目指し何とか存在を知られるようになると、その細道から四年後、更にスピン・アウト。

二十七歳の時、フォークシンガーから一転、映画に出演しそれを切っ掛けに演じる仕事が舞い込むようになると、遠い昔通い詰めて見たスクリーンの人たちの傍で働くこととなりました。

その折、二十年前に見たこれらスターたちの若さあふれる演技の印象を撮影の合間に伝えると彼らは相好をくずし、こんな駆け出しにも打ち解けて、いくつもの芸談を逆に聞かせてくれたのです。

闇の中で見たスクリーンの彼らへの印象……あのガラクタはまことに有用な会話の糸口になりました。それは、こんなガラクタです。あれは加山雄三氏。主演の若大将シリーズの初期作品でボクシング部員の彼。大学構内をランニングしているその途中で、先頭が止まってしまうと彼は列を抜けて、黙々と校内に立つ樹木を蹴るのです。この蹴る姿が実に朴訥《ぼくとつ》。いいのです。この意味のない演技がたまらなく好きでした。

続いて、二十歳の頃の浅丘ルリ子。下町の品のいいお嬢さんで、朝日の道、自転車のお豆腐屋さんを呼び止めてボウルを差し出し、ただ豆腐一丁買うシーン。その日常のその何気なさ、平凡を演じる非凡さ。なんて可愛いお姉さんだろうと十歳の私を魅了《みりょう》した笑顔……そんな断片をスターたちに披露すると彼らは、「そんなとこまで見ていたの」と驚き、それが断片ゆえに殊更に喜んでくれるのです。

母を泣かせた悪癖がこんなところで……と、気付かせてくれたのも実は母でした。私が

「歌」の他、演じることで注目をあびるようになった時、芸能週刊誌の記者氏で母にこう尋ねた人がありまして、「あなたの息子は今、注目の新人俳優である。演じるということについて、いつ、どこで、誰から学んだのか」と。シンガーソングライターになったことさえ驚いた母は、俳優まで始めた小倅《こせがれ》の評判に何の心当たりもなし。それでも何か応《こた》えなければ、帰ってくれそうにない。そこで芸能記者氏に展《ひろ》げた挿話《エピソード》が、私の悪癖についてでした。

　叱っても、叩いても治らなかった私の手癖。「もしかすると、あいつはあの時、映画の勉強のためにどうしても釣銭、盗んでも見にゆかなならんかったとでしょう。それしか私には心当たりがありまっしぇん」と、母。困惑なさる記者氏に母は、「善悪の境目《さかいめ》は難しか。善し、悪しは時が経《た》たんと判らんですばい」と、落ちをつけたそうです。倫理や道徳では手から取り零《こぼ》すものがあるということを苦労から学んだ母。その世間智で息子の盗みを許したのでしょう。

　そしてもうひとつ、手癖が治まると次に芽生えた人名辞典の丸暗記癖。私はその後、その中の一人、坂本龍馬という男を人生の旗印にしましたし、歌集の短歌や蘊蓄の切れ端は作詞や台本暗記の仕事のための有効な訓練となっていたようです。

ここまで書いて、どうだ、と私事を自慢気にならべているのではありません。

私の手に取り憑いた盗みの悪癖、人名辞典丸暗記の無駄な努力、歌集への偏好と独学。

それら情動に炙られて拾い集めたモノに意味があったと思うのです。

時として、少年は未来へ先回りして用意せねばならぬモノを拾い集め出す時があるのでは、とそう思うのです。親の倫理や大人の道徳では収《おさ》まらない直感が幼い命には宿っているのでは、と思ったりするのです。腹のたつ悪戯や叩かねば済まない悪行、理解出来ぬ悪癖は数十年後のため、未来へ備える子らの手さぐりということもある。そう思うので書き出した文章です。

命はあるバイアス、ある偏向をもって未来の方角をさぐる。そんな直感が生きものにはあるような気がするのです。でっかい言葉を使いますが、私は私の盗み癖を語りつつ、人類に宿る何かを探しています。

だって、エデンの園の知恵のリンゴも英雄プロメテウスが天界から人間へ与えてくれた「火」もみな神から人が盗んだもので――

人類の文明は盗みから始まったのですから。

屁理屈ですが、捏《こ》ねてみました。これも私の手癖の悪さですね。

仕事の流儀・なかにし礼

私の子供の頃、大人どもが声を潜《ひそ》めて口にする「引き揚げ者」という語がありました。いつもは気のいい顔をした近所のおじさんが眉間に深くしわを寄せ、「アイツは引き揚げ者たい」と低く唸ると、悪魔の正体でも見抜いたような、瘴気《しょうき》漂う響きがその言葉にありました。どんな悪行を重ねた人物か母にたずねると、実に単純で、大日本帝国が支配した植民地に暮らしを移した人たちで、敗戦後、国内へ逃げ戻った人たちという。

戦時、空襲などがあった国内に比べて、国外で安全に暮らしていたという勘違いが、トンチンカンな嫉妬を生んだようです。

この引き揚げ者になかにし礼氏がおられます。

昭和十三年（一九三八）満州（現・黒龍江省牡丹江市）に生まれ、少年時「引き揚げ」を体験。長じて、立教大文学部仏文科在籍中、シャンソンの歌詞にその「才」を発揮し注目を集める。その後、歌謡界へ転身し、星野哲郎、阿久悠らと才を競い合う作詞家となる。この方は日本作詩大賞から直木賞までも手にした人で、言葉の宝庫とも呼べる力量の人。ある仕事で、話をきく機会をいただき、その上、自伝的小説『夜の歌』（毎日新聞出版）まで頂戴。この本と合わせて、なかにし氏の作詞作業の手順が私にゾクッとするほど面白く、読者にその面白さを楽しんで貰うために作詞の作業の説明をしたくなりました。

実は私もまた作詞を生業とするからです。

私の場合は「フォークソング」という多分に身辺の雑記のような、間口の狭いジャンルの作詞作業ですが、礼氏は違います。彼は昭和歌謡史に燦然と輝く足跡を残す詞人です。自ら歌うこともありますが、彼の詞は多くの歌手から求められました。菅原洋一から北島三郎、黛ジュン、ザ・ピーナッツから北原ミレイ、石原裕次郎もあり、そのまま戦後歌謡史を辿れるほどの巨人です。

詞人として、百貨店の売り場面積と販売力をもつ詞力の人。店頭販売で焼芋かたこ焼きを売る私とは、詞量、詞力ともケタ違いのスケールの人です。しかしそれほどの差がありながら作詞の作業手順は大体、同じです。作詞とはただひたすらに「言葉」を桝目《ますめ》に置く作業です。先ず言葉。「初めに言葉ありき」です。

ただ一語を原稿用紙の桝目に打つ。そこからその語に相応《ふさわ》しい語を繋ぐ。繋ぎながら何事かを語る一行となる。言っておきますが、思いが詞になるのではない。思いが言葉を集めるのではない。そうです、逆です。言葉が思いを集めてゆくのです。

私で言えば、あの唄、「贈る言葉」。あれは「暮れなずむ」が先ずあった。確か、堀口大学のフランス近代訳詩集の中で見つけた一語だった。日暮れを形容する語だが呟くと響きがいい。「夕暮れ」「日暮れ」などと比べて舌なじみが柔らかい。作詞の三、四年前から胸に仕舞い込んでいた一語。で、この日暮れの情景の町で相応しい出来事は当然「別れ」がよく、「光と影の中」と置いて、「去りゆくあなたへ」と語を繋いだのです。その別れはまるで花束を手渡すように静かで、止めに打った語が「贈る言葉」となったのです。

我が身の話ですみません。でもこれでお判りのように「思い」が言葉を招集する「小説」とは違い、「言葉」が思いを呼ぶのが「作詞」です。

その一語を見つける重大さが判っていただけないと礼氏の「詞」世界の深層は語り難く、そのために私事を語り、露払いを務めました。

で、この詞人にその一語を見つけるための手順を聞いてみたのです。

礼氏はその話を始めたのですが、正確を期するため、整理された記憶として著作『夜の歌』の文章から、この人物の作詞の深層を辿ります。ある作品のその一語を見つけるために、礼氏の思いは七歳の少年の頃へ帰っています。

七歳の少年、なかにし礼。満州国に生まれたが、昭和二十年八月、その国は消え失せます。大日本帝国の敗戦により、国家の庇護なく彼ら家族は中国大陸に放り出されます。華人の憎悪と侵入して来たソ連軍の殺掠《さつりゃく》に晒されながら、彼は母と姉と共に避難民となって帰国の引き揚げ船を目指して歩き続けるのです。

その一年で、七歳の少年は父の死を含めて阿鼻叫喚の人の死を目撃しています。その逃避行の記憶をこう語っています。

〈ぼくたちは重いリュックサックを背負い、ハルピン駅から石炭を運ぶための無蓋車《むがいしゃ》にぎゅうぎゅう詰めにされて乗った。列車は中国の子供たちに石をぶつけられながら大連に向かって南下し、二十日ほどかかって遼東《リャオトン》湾の西側にある葫蘆《コロ》島という港町に着いた。〉

〈這うようにして砂丘を上りきって、ふと目の前の開けた景色を見ると、そこには雲一つない真っ青な空が広がっていて、その下には波一つない真っ青な海がたゆたっていた。そして沖のほうには、ぼくたちを日本に向けて乗せていってくれるはずのアメリカのフリゲート艦が錨を下ろして待機していた。煙はゆらめきながら立ち上っていた。〉

礼氏は母、姉と共に命を繋ぐ「糸」を見たのだ。

〈ああ、この時の喜びは、ぼくの戦争体験の中での白眉《はくび》とも言える喜びの瞬間だ。（中略）喜びにうちふるえ砂浜に四つん這いになったまま涙を流していた。〉（第五章　春の嵐）

これらの記憶には名がない。ただ脳裏に情景として在った。

この情景が言葉になったのは、そこから二十数年が過ぎて、二十代の働き盛りの男になってからだ。男は詞人になっていて、一枚の譜面を前に苦吟していた。譜面は大切なあずかりものの新人歌手「黛ジュン」のために書き下ろされたもので、この一曲でヒットを、あわよくばホームラン級の一発にとの依頼であった。

「曲先《きょくせん》」で礼氏はヒットメーカー鈴木邦彦の作ったメロディーに言葉を置いてゆかねばならない。鈴木氏の表情が変わるほど突っ返して辿り着いた労作である。メロディーで聞くとよいのだが、いざ言葉を置くとなると至難の出だし。

その音符は稲妻状に上下して、右肩上がりの四つの音。

ここに四つで意味のある一語を置かねばならない。

彼は必死に記憶を泳ぐ。そして思い出に潜る。何故か判らないが、摑んだ思い出はあの八歳の秋。丘の上から引き揚げ船を見つけ、泣いたあの歓喜だった。あの喜びに音を置けば……ハ・レ・ル・ヤ。

その四つの音で「ハレルヤ」と音符に嵌《は》めた。礼氏はいう。

〈ぼくはクリスチャンでもユダヤ教徒でもないが、あの時のあの喜びはハレルヤだ。神をたたえよ！　その言葉しかない。〉

ハ・レ・ル・ヤと置き、礼氏は続く七つの音符に昭和二十一年、十月半ば、引き揚げ船の甲板で見た光景を重ねた。

命からがら満州国から脱出。その船が出たのは夕刻だった。大陸の彼方に沈む夕陽を見て、見つめる甲板の人の口から、「バカヤロー」という叫びがあがったらしい。満州国紙幣をひきちぎり海へ投げ続ける人もあった。礼氏は言う。

〈歴史とか世界とか人々の生活を無残に崩壊させる大いなるもの、（中略）とにかく止めようのない大いなる力がある。〉

満州国を信じた。国家とか軍隊に扇動され、追従しただけではない。

日本国民はあの時、国家を軍隊を一方的に愛した。それは事実なのだ。

その思いを言い訳でなく乙女の恋心としてひそかに告白する。

以下、礼氏は言葉を置く。

ハレルヤ　花が散っても／ハレルヤ　風のせいじゃない
ハレルヤ　沈む夕陽は／ハレルヤ　止められない
（作詞・なかにし礼／作曲・鈴木邦彦）

満州国で日本人が夢に向かって生きた、あの充実感と躍動感は恋と同じ、生涯二度ない強い思いであった。

愛されたくて愛したんじゃない／燃える想いをあなたに
ぶっつけただけなの／帰らぬあなたの夢が／今夜も私を泣かす

怨念は恋歌に化けた。

昭和四十二年二月発売、「恋のハレルヤ」は大ヒットした。

その年、丸刈り坊主頭で高校三年の私は柔道部の帰りこの歌謡曲を「ミリンダ」なる奇怪な炭酸飲料を飲み干しながら、夕空の下、口遊んでいた。

この軽快な歌謡曲にこれほどのルサンチマン――怨念の情景を潜ませるとは鬼才という

他なく、すさまじき才能である。

　更に礼氏は私如き戦後世代に柔らかな揶揄するような笑みをうかべてこう語り出された。

「俺たち引き揚げ者は一度日本国に捨てられた」

　それは逃避行のハルピンでのこと。その街にバラ撒《ま》かれた日本政府からのビラに礼氏の母と姉は号泣したという。ビラの文字は未だ引き揚げがかなわぬ日本人同胞に向けた外務大臣・重光葵《しげみつまもる》からの通告。

〈日本内地は米軍の空襲によって壊滅状態にあり、加えて、本年度の米作は六十年来の大凶作。（中略）日本政府には、あなた方を受け入れる能力がない。日本政府としては、あなた方が、ハルピン地区でよろしく自活されることを望む。〉

　棄民である。国家とは時に国民を捨てるカラクリでもあるのだ。

　その無念は我ら戦後、団塊世代に想像もつかない。

　だからその無念をどんな歌謡曲に匿《かく》したか、この詞人に尋ねた。

　礼氏はサラリと応じた。「人形の家」。弘田三枝子が歌った昭和歌謡史に残るヒット曲だ。イプセンの同名戯曲から直感を得たのかと思っていたが違った。礼氏はその詞の底には大陸に棄てられた敗戦の日本国民の姿を敷き詰めた、という。著作『夜の歌』、襤褸《らんる》の男の章に詳しく、その章から写す。
〈七歳の私でさえ、この紙に書いてある文章を読んでやり場のない怒りと悲しみを覚えた。私は牡丹江生まれだが、姉は日本の小樽生まれだったから、祖国に棄てられた衝撃は私よりも何倍も大きかったのだと思う。〉

ここまで三人は、ソ連軍の略奪・強姦や男狩り（強制労働のために父は連行され、その後病死）に耐えながら逃避行を続けて来た。

中国人により満蒙開拓団の多数が皆殺しにされた惨状を少年は目撃している。少年自身も列車で逃避行の途中、ソ連戦闘機の銃撃をうけている。

屋根・床を撃ち抜き、等間隔で撃ち込まれた連射の隙間に伏せていて、ただそれだけの理由で彼は助かったようだ。少年の前と後の者はザクロのように身を割られた死体となった筈だ。破線の隙間という偶然――そんな体験を重ねて、「ボクは少年でなくひとっ飛びに男になった」とそんなことを仰ったと思う。

正確ではないが、「死」を目撃することによって、少年の成長は急がされたのだろう。

また知り合いである関東軍少将がソ連軍斬り込み隊の玉砕にあたり発した「祖国を恨むな。祖国を赦せ」の絶叫とこめかみを撃ち抜く銃声もこの少年は聞いたにちがいない。これら人々の絶望、そして死を塗り込めて、その歌謡曲の詞の底に匿した、それが――「人形の家」である。

　顔もみたくないほど　あなたに嫌われるなんて／とても信じられない　愛が消えたい
　まも
　ほこりにまみれた　人形みたい／愛されて　捨てられて
　忘れられた　部屋のかたすみ／私はあなたに命をあずけた

（作詞・なかにし礼／作曲・川口真）

　弘田三枝子の、あの歌唱の暗い恋歌の底に帝国が滅び、異国の街に捨てられた日本国民、帝国軍人たちの絶望と死が敷き詰められている、これほどの悲惨、これほどの絶望、これほどの怨嗟《えんさ》を、壮年の男となって戦後、エンターテイメントの歌謡曲というお洒落着の裏地に礼氏は引き揚げ体験の絶望と死を裁断して仕立て上げておられる。何という異才だろう。

　それでも、礼氏のみが特異なのではない、礼氏と同じ逃避行の道を辿り生きのびた少年たちに、後のちばてつや氏がいる。一九七〇年代、劇画人気を牽引した「あしたのジョー」の作画家である。更に「おそ松くん」「天才バカボン」のギャグ漫画の先駆者・赤塚不二夫氏もその道で中国人に石飛礫《いしつぶて》をなげつけられ、ソ連兵の強奪や暴行、夥《おびただ》しい死を目撃しながら、生命を戦後へと繋いだ男である。特に赤塚氏はその逃避行の果てに、乳呑み児の妹を亡くしている。

死因は餓死と聞いたが、そこには言葉にはならない嗚咽《おえつ》があったに違いない。その怨嗟、慟哭《どうこく》をエネルギーにして彼らは、戦後昭和の歌謡や劇画・漫画のエンターテイメント世界へ駆け出してゆくのだ。

申し分けないが、異様でもあり、奇特でもある。きっと、人類史の中でも、戦後の昭和が特異なのでしょう。悲惨から娯楽が生まれてゆくとは。

四十年以上も前の事になります。

若かりし日の映画撮影の時の思い出に山田洋次監督からお聞きした話がある。

山田監督もまた戦時、少年でありました。

父上はその満州国で国策による鉄道会社を運営する仕事をしており、暖炉の火が燃え、彼はベッドで寝起きする少年であったそうです。

料理人は中国人、家庭教師も西欧の人で父母は土曜の夜、ロシア人の馭者《ぎょしゃ》の馬車で外交官の集う舞踏会へ出席するというほどの家庭であったらしい。まるで欧州貴族のような暮らしが、敗戦ですべて消え失せたのです。

引き揚げて来た日本ではただただ空腹に耐えるだけの日々を繰り返したという。ある日のこと、父と闇米とよばれた不正取り引きの「米」をリュックに背負い、列車に揺られていると日本警察の取り締まりに追われた。

今夜は白い飯が喰えるという希望だけで、重い米を背負っていた山田少年はもう空腹と押収される絶望で逃げる力さえ消えたという。
で、少年のリュックに官憲の手がのびた刹那、体当たりでその官吏を突き飛ばしてくれた人物がいた。人物はヘタリ込んだ少年を剛力で引き起こし叫んだ。

「少年、ニゲロ！」

叫び声の訛りや、一瞬その人を見た印象は山田少年の中に、永遠のヒーローとなって宿ることになります。無法の世界に住む人だったのでしょうが、

「その人が寅さんさ」

その人は少し涙っぽい呟きで、低く私に話してくださいました。
戦後・昭和の芸能や娯楽の眩しいほどの明るさは、彼ら、敗け戦に耐えた少年たちが灯

した明かりの故でしょう。感謝の言葉を贈りたい。
あなた方のおかげで戦後・昭和はどれほど明るくなったことか。
そして思い知るのだ。「すべて美しいものは傷ましいものから生まれる」と。
誰かの忘れられない言葉だ。

自虐の系譜《ジャンル》

嘗《かつ》て、日本の歌謡界には自虐という系譜がありました。

己の愚かを嗤《わら》い、自らを貶《おとし》め己を蔑む唄です。たとえば恋を失った時、「あなた」には罪がないから、私はこれからの薄幸を懲罰として引き受ける自責の宣誓。これが自虐のドグマです。その系譜は古く明治の演歌に始まり、大正期には野口雨情・中山晋平による作詞・作曲で「船頭小唄」なる傑作ヒットが生まれました。この唄は——

俺は河原の　枯れすすき／おなじお前も　枯れすすき
どうせ二人は　この世では／花の咲かない　枯れすすき

と零落《れいらく》を嘆く。嘆くが誰も怨《うら》まず不遇を甘受する。これは悲歌《ブルース》ではない。恨歌《プロテスト》でもない。愁歌《エレジー》でもない。自虐《モノローグ》なのである。

昭和の世では、映画「網走番外地　望郷篇」（一九六五）で、彼《か》の高倉健も低く、こう歌っていた。

「馬鹿を　馬鹿を承知の　この稼業」と。

そして美空ひばりの「悲しい酒」（一九六六）がこの系譜に続き、彼女は歌いながら己の薄幸を泣く。天才と称讃された彼女の歌唱は聴く者を圧倒し、何ものとも繋がらない極限の孤立を高らかに宣言するのです。ひとりぼっちに泣き、ひとりぼっちに陶然と酔うひばりの自虐の痛々しさと美しさ。この系譜を一九七〇年代、自虐《モノローグ》の演歌の申し子、藤圭子が継ぎます。「圭子の夢は夜ひらく」（一九七〇）です。

赤く咲くのは　けしの花／白く咲くのは　百合の花
どう咲きゃいいのさ　この私／夢は夜ひらく

（作詞・石坂まさを／作曲・曾根幸明）

大正時代、枯れ芒であった自虐は一九七〇年代、咲くことの出来ない花として自らを嗤い、「夢は夜ひらく」と拗《す》ねるのです。藤圭子には清らかな絶望がありました。そして、彼女によって新しい自虐のフレーズが発見されました。その成句《フレーズ》こそ、「ばか」です。数学における「0《ゼロ》」の発見に匹敵する「ばか」の発見です。自虐の傑作「新宿の女」の後半二行のサビにあります。

ネオンぐらしの蝶々には／やさしい言葉がしみたのよ
バカだな、バカだな　だまされちゃって／夜が冷たい　新宿の女
（作詞・石坂まさを、みずの稔／作曲・石坂まさを）

この「ばか」の発見は自虐のビッグバンを生み、ヒットフレーズとして様々に用いられることとなります。黒沢明とロス・プリモス「ラブユー東京」では――

お馬鹿さんね　あなただけを　信じたあたし
（作詞・上原尚／作曲・中川博之）

更に細川たかし「心のこり」では、いきなりツカミのフレーズとして、

私バカよね　おバカさんよね　大切な大切な純情を

（作詞・なかにし礼／作曲・中村泰士）

と、「ばか」を高らかに公言するのです。転じて都はるみ「北の宿から」（作詞・阿久悠／作曲・小林亜星）もこの系譜を継ぎ「着てはもらえぬセーターを　寒さこらえて編む」愚かしさを高らかに「女ごころの未練でしょう」と自嘲するのです。

自虐こそは日本の歌謡史には重大なテーマでした。

ところがその系譜は八〇年代に入ると新しい洶湧《きょうゆう》に勢いを奪われます。

一九八〇年のその年、松田聖子の「青い珊瑚礁」「赤いスイートピー」（一九八二）の大ヒットです。松田聖子は一様なアイドルではありません。光あふれるリゾート地での恋人とのダイアローグ、その娘の側の言い分をくねくねと向日性《こうじつせい》の高い歌唱で歌い上げるのです。そこにこのシンガーの強烈さが潜ませてあって、実は唄声から「影」が駆逐されているのです。これらアイドルの群れに、J－ポップも合流。

自虐《モノローグ》はゆっくりと色褪《いろあ》せてゆきます。

あみん「待つわ」（一九八二）では、自虐が引き受けた薄幸を女が男に逆に投げつけます。去ってゆく男の不幸を祈るのです。

待つわ　いつまでも待つわ／他の誰かに　あなたがふられる日まで

（作詞／作曲・岡村孝子）

と、恋唄はまるで技を仕掛け合う格闘技の様相を呈し、岡村孝子「夢をあきらめないで」（一九八七）ではオープンダイアローグ、公開討論会のように、去ってゆく男の後姿に語りかけて……

あなたの夢を　あきらめないで／熱く生きる瞳が好きだわ
負けないように　悔やまぬように／あなたらしく　輝いてね

（作詞／作曲・岡村孝子）

と、別れてもこれほどの理想を男に指し示すタフな女心の出現。

この八〇年代を受けて、九〇年代早々自己肯定ソングが登場します。この唄には自虐、自嘲、自責の語は消え失せ、すべて向日の語がイクラ丼のように盛り付けられ、圧倒的支持を集めるのです。

ＫＡＮの「愛は勝つ」（一九九〇）。ＫＡＮは歌う――

心配ないからね　君の勇気が／誰かにとどく　明日はきっとある
どんなに困難でくじけそうでも／信じることさ　必ず最後に愛は勝つ
（作詞／作曲・ＫＡＮ）

ご本人が私の説を聞けば仰天なさるかも知れないが、この一曲がＪ-ポップの本流となり、自虐の系譜を断ち切った。私はそう思う。ここからです。低音の所謂《いわゆる》、ドスの利《き》いた声は亜流とされ、高音部が高ければ高いほど支持され、Ｊ-ポップの先頭集団が形成されたのです。この翌年には、トレンディードラマの「１０１回目のプロポーズ」が。

何度も言うよ君は確かに／僕を愛してる
迷わずにSAY YES 迷わずに
（作詞／作曲・飛鳥涼）

CHAGE & ASKA の「SAY YES」（一九九一）でビッグセールスが生まれ、この流れに乗って安室奈美恵がドラマ「バージンロード」から「CAN YOU CELEBRATE?」（一九九七）で、彼女自身がＪ―ポップの本流となって自虐の唄にとどめを刺したのでしょう。
明治から七〇年代まであれほど支持された自虐の系譜はわずか二十年で死に絶え、今やオッサンから爺さんのカラオケの宴か、ＢＳの昭和歌謡になつかしの唄で登場するのみとなったのです。

この日本人の心象の突然変異は一体に何故《なにゆえ》でしょうか。（特に自虐の系譜を愛しながら、とどめを刺した二本のドラマ主題歌、その二本のドラマに私は出演しておりまして）一層深く考え込んでいたのです。

何故、「自虐」は絶滅したか。己を「ばか」と呼び捨てる自虐は否定され、「私待つわ」「あきらめないで」「信じることさ」「迷わずに」「CAN YOU CELEBRATE?（祝福してね）」とひたすらに自己を肯定し、激励してゆくＪ―ポップの自賛ソングは何故の変異なのか、ずうっと考えていました。自責を国民性にしていた日本人は八〇年代から何故《なぜ》一転、自賛の歌唱を熱烈に支持するようになったのか。八〇年代がその始まりと直感しましたが、そこからは解けず保留のままホルダーに納め、心中に仕舞っておりました。消えた自虐ソングの謎を抱えて、私は六十代の男になっていました。

時は過ぎ、あの二〇一一年。地震と津波で深々と傷ついた日本にあって「平成」の解けなかった謎を一語で言い当てた（と私は思っている）人物に再会します。

彼は「平成」の浮世を「呪いの時代」と見抜いたのです。哲学者、内田樹氏です。彼の指摘でギクリとしたのが、御著書『呪いの時代』（新潮社）第一章、16頁の一文。

〈「呪い」の言説が際だってきたのは、１９８０年代半ば、ニュー・アカデミズムの切れ味のいい批評的知性が登場してきた頃からでした。この頃から、「知性の冴え」がほとんど「攻撃性」と同義になり、「辛口」や「毒舌」という言葉が（中略）頻出《ひんしゅつ》するようになります。〉

八〇年代から出現した奇妙に明るいＪ-ポップ現象を、私は自虐ソングの謎と重ねたのです。内田氏の『呪いの時代』にこうあります。

〈「呪い」は今や僕たちの社会では批評的な言葉づかいをするときの公用語になりつつあります。〉

内田氏は勿論、「知」の側から、世間を測っておられます。私は芸能で、「唄」の側です。でも、「唄は世に連れ、世は唄に連れ」です。「唄」が世の水面《みなも》に浮かび流れるものなら、その泡沫《うたかた》の行く末からも世の流れの向かう先を計ることは出来る筈。

そう思って、この人の文章を手繰《たぐ》りつつ、消え失せた「自虐」の謎を追います。

内田氏はこう言っています。

80年代半ば、〈切れ味のいい批評的知性〉は「毒舌」の雑言、「辛口」の叱声を世に散蒔《ばらま》きました。刃物の様な言葉使いはネット社会と合流、90年代に入ると自己を肯定し、ひたすら他責が正義の論法でした。

「私は正しい、おまえたちは間違っている」とただ棒読みのように繰り返すだけの言葉使い――

唄の流れの主流をゆくJ-ポップは、他責のネット社会と相性がよく、また、自己を強く肯定し声高く恋人に呼びかけるJ-ポップは、歌姫や王子を次々と誕生させました。九〇年代が過ぎ、新世紀の二〇〇〇年代の初め、ネット上では、刃物のように他者にふりかざす攻撃的な言葉使いが現われます。

その有様を内田氏はこう指摘します。

〈ネット上では相手を傷つける能力、相手を沈黙に追い込む能力が、ほとんどそれだけが競われています。もっとも少ない言葉で、もっとも効果的に他者を傷つけることのできる人間がネット論壇では英雄視される。〉

刃物としての言葉使いの時代が「呪いの時代」です。この本が書かれたのが二〇一一年。

著者の洞察がいかに鋭く、「今」を言い当てているか。拾います。戻って11頁です。

〈「弱者」たちは救済を求めて呪いの言葉を吐き、「被害者」たちは償いを求めて呪いの言葉を吐き、「正義の人」たちは公正な社会の実現を求めて呪いの言葉を吐く。〉

この時代、呪いは濁流となって政争、世俗の愛憎にまで及んでいます。子育て中の母親が保育園に入れぬ我が子の無念を「日本死ね」と呪う世です。しかし、あの騒動は私たちに重大なことを教えてくれました。

呪いは伝染《うつ》るということです。そのことも、内田氏はすでに指摘されています。続く言葉です。

〈けれども、彼らはそれらの言葉が他者のみならず、おのれ自身へ向かう呪いとしても機能していることにあまりに無自覚のように思われます。〉

事実、「保育園落ちた日本死ね」という呪いの文言を取り上げ、与党を激しく揺さぶった、野党の女性議員がその告発の直後に不倫報道で栄達を塞がれます。「呪い」の凄まじい威力です。

平成の世、歌謡界の主流をゆくJ-ポップが最も畏れるのも又、「呪い」です。

各地で活躍する少女アイドル集団がいますが、その人数は江戸、元禄十五年（一七〇二）に、四十七名が徒党を組み、主君の仇を討ち、全員切腹して果てた赤穂浪士の四十七名に一名足すか、一名引くかで斎戒《ものいみ》がされていると思うのです。

赤穂浪士の呪能は強力です。きっとそれを恐れて「47」を避ける厄払いの工夫が集団の人数に施されているのでしょう。「46」や「48」のアイドル集団はこの護符に守られて厄難から今も逃れています。

しかし、時として偶像《アイドル》を愛し、信仰する者たちがその偶像を深々と傷付け、一夜のうちに祭壇から引き降ろされる醜聞《スキャンダル》もあります。

偶像を愛する者たちの呪いは強力です。いや、国を愛する者、己の神を愛する者、正義を愛する者、が呪いに縛られることは芸能界ばかりか日本の、いや世界のどこにもある光景です。残忍なテロも頻発しています。

さて、友よ、どうするか。案ずる勿《なか》れ。内田氏は「呪いの時代」の本質をこう言い当てます。

〈多くの人が誤解していることですが、僕たちの時代にこれほど利己的で攻撃的なふるまいが増えたのは、人々が「自分をあまりに愛している」からではありません。逆です。自

分を愛するということがどういうことかを忘れてしまったせいです。〉

そうです。「呪い」の病根は「自分を愛せない」からです。「自分を愛せない」から他を愛し、他に去られれば憎み、憎むことで何とか自分を愛そうとする。実は自分を愛することの方が困難な事業です。で、どうするか。「呪い」から「自愛」へどう心を転ずるか。内田氏はその技をただひとつ、こう教えます。その教えがこれです。

〈呪いを解除する方法は祝福しかありません。〉

誰を祝福するのか。自分か。ちがう、それでは自愛だし、利己だし、また他を責める堂々《どうどう》めぐりになる。だから、逆だ。そう、他者《あなた》を祝福するのだ。そして自分を嗤う。「なんてバカな奴」と自嘲する。そのバカな自分を嗤う時、「呪い」は解除される。そんなバカなことはバカには出来ない。そこにしか、自愛の芽生えはない。他者の無実を称《たた》え、孤立を引き受け、賢ぶる奴について行かないバカさ。その自虐の決心によって「呪い」の刺草《いらくさ》を斬り分けながら進む唯一の自愛の細道が拓《ひら》ける。

そう思うのです。言葉を弄《もてあそ》び、逆説を言い立てているのではありません。

真理の多くがその逆説の中に隠れているのです。

実は自虐の系譜《ジャンル》の中にこそ、呪いを解除し、己を愛するための極意が認《したた》めてあるのです。

若者よ、バカに戻ろう。若者よ、バカチンたれ！
それこそが愛に到る道である。
この手の話、続きます。

あの素晴しい愛をもう一度

ある放送局の武道館イベントコンサートでした。一九七〇年代に、青春を歌いながら通り過ぎたフォーク・ロックシンガーたちが顔を揃えていました。楽屋にならんだ顔ぶれは、北山修氏、小室等と六文銭、上條恒彦氏、森山良子さん、イルカさん、トワ・エ・モワ、泉谷しげる氏、宇崎竜童氏、杉田二郎氏などの団塊世代人。他にも太田裕美さん、尾崎亜美さんという若い世代もおられたが、楽屋の大部屋の壁を震わすほどの声量と饒舌《じょうぜつ》で喋り続けているのは我ら団塊組。

もう還暦から古希《こき》に差し掛かった年齢なのにトークは衰えを知りません。話題は尽きず、ビートルズの秘話からクイーンの真実へ、白内障手術をすすめ、そこから尿管結石の苦悩へとび、古希過ぎたロッカーは補聴器の小型化を讃えて、兎に角、飽きることなく語り合う我らです。我が世代ながら七〇年代組はまことに理屈っぽい。

で、そのコンサートステージで大学の心理学教授を退職なさった北山修氏が俄然、満場三階席までの「万」を超える観客にむかって授業をはじめられた。内容は自身のヒット曲、「『あの素晴しい愛をもう一度』についての一考察」とでも題すればいいのか、作詞者自身があの歌詞に潜めた思いを解き聞かせてくれるのです。これは中々、期待出来ます。

　この唄の存在を知らぬ若い世代の方もおられるでしょうから、団塊の私からいささか前《まえ》説《せつ》を。北山氏作詞、加藤和彦氏作曲のフォークソングの傑作で、七〇年代、フォークソングの集会やステージで実に頻繁に歌われたシングアウトの名曲。まあ、もっと分り易く言いますと、ちょうど恋する頃に町角に流れていたラブソングでして、この唄を口遊むと、失恋したその人を忽ち思い出すという塩梅《あんばい》です。切ない唄です。で、北山氏はその詞に何を潜めたか。先ずはその詞、以下です。

命かけてと誓った日から／すてきな想い出残してきたのに
あの時同じ花を見て／美しいと言った二人の
心と心が　今はもう通わない／あの素晴しい愛をもう一度
あの素晴しい愛をもう一度

（作詞・北山修／作曲・加藤和彦）

北山教授の主張はこうです。日本文化の中で花鳥風月の自然物を男女が見つめているという構図、それが愛であった。素晴しい「愛」とはふたりが同じものを見つめている幸せのことであった。

同じものを見ているという情緒こそが「愛」であって、見ているものの美しさや価値などに意味はない。だから、ふたりが桜を見るともうそれで愛であり、月を見上げてもそうであった。

そのようにして日本人は「愛」という感情を育ててきた。その文化を戦後生まれの、団塊世代が断ち切ってしまった。

即《すなわ》ち「同じ花を見て美しいと言った二人」こそが「愛」であると難しくしたのだ。ちがう、ちがう。「同じ花」を見るだけでいいのに、それをふたり揃って「美しい」と感じることが「愛」であると欲張った。その深追いによって、「愛」は難しくなり、おかげで我々は「愛」に苦しむことに。北山教授は確かにそう語られた。

だからこそ、歌うことでしかあの素晴しい「愛」は呼び返せない、そんな思いを込めたと仰っておられたと思う。

我らは確かに「愛」を見失った戦後昭和の先頭集団である。楽屋を見渡しただけでも、森山さん、イルカさん、太田さん、尾崎さん、竜童さん、我らも含めて「愛」を失う唄でヒット曲を持つ仲間たちです。これに続くように、平成のJ-ポップも「愛」を見失っている。団塊世代の「愛」の深追いは平成のJ-ポップ集団ではますますしつこくなっている。「愛」がどんどん難しくなっている。最初に誤解した世代として「愛」という事象をどこでどう見誤ったか、後ろに続く世代のためにも「あの素晴しい愛をもう一度」考え直してみようと思う。

ズキリと胸に響く「文章」に遭遇した。十年ばかり前のことだ。深々とした胸に響く「文章」だから、ノートに書き写した。

文庫化もされた内田樹教授の『街場の現代思想』（文春文庫）。

その１７８頁にある教授の所見を、「あの素晴しい愛をもう一度」に重ねてみた。内田教授はこう言う——

〈男女関係においては、相手のふるまいに、何となく違和感をもたらすような変化を感じた場合に、それをとりあえず「愛情が失われつつあることの予兆」と解釈しておくことの

方が、おそらく人間にとって「自然」なのである。〉

ドキリとしませんか。身に覚えのある、それは予感です。「同じ花を見て美しいと言った二人」がほんのわずかな心のズレでお互いに不信に陥ることは自然であるとこの教授は仰る。それが人間にとって何故、自然なのか。その理由は……内田教授はこう続けます。

〈私たちは愛については、何が起きても穏やかな気持ちでいることより、ささいなきっかけで絶望することの方を好む。なぜそういうことをするのか、その理由を私は知らない。でも、とにかく人間というのは「そういうもの」なのである。〉

凄い見解です。「愛」について私たちはそれが成就するより破綻を選ぶ生きものであると仰る。何故そうするのか、その理由は判らないと仰るところが実に生々しいですなあ。内田教授にも幾度か「愛」の体験があり、その格闘から得た所見こそが上記の文であろうと思うのです。あだや疎《おろそ》かには出来ません。では、愛は破綻のみで砕けてゆくだけを宿命とするか。違いますよね。男女のうちには夫婦となって生涯を共にする者たちもいる訳で、私もその一組です。

では構造的に破綻すべき「愛」が何故、夫婦の場合には取《と》り敢《あ》えず保全されるのか。内田教授は「愛」を見失わない技をこう説きます。180頁の文章です。

〈愛において自由であろうと望むのなら、私たちがなすべきことはとりあえず一つしかない。それは愛する人の「よく分からない言動」に安易な解釈をあてはめないことである。「私にはこの人がよく分からない（でも好き）」という涼しい諦念のうちに踏みとどまることのできる人だけが愛の主体になりうるのである。〉

「愛」を主体的に生きようと思うなら、深追いをしないこと。そして相手を解釈しないこと。新婚どころか金銀婚の男女にさえ通じる夫婦保全の、これは正鵠《せいこく》を得た「愛」の技術です。内田教授の見事さは「私にはこの人がよく分からない」という諦めにこそ愛の立ち位置があるという断定です。この人の哲学はまことに人肌の温かみ。仰る通りです。だから女性から「あなたのことよく分かったわ」と言われればこれは間違いなく、別れの、それも絶縁の宣言です。恋愛を美しき誤解と揶揄する賢者がいる。しかし、誤解しなければ「愛」は始まらない。そしてその誤解をどこまでも続けてゆこう、と決意することが「愛」なのだ。で、我が身にもそんな「愛」の事象があった。ここから私事です。

　若く結ばれた我らにも歳月は流れ、妻は五十代半ば、私は六十代初めの年齢になった頃だった。私の心臓に繋がる大動脈の弁に先天性の不調が見つかった。その弁を人工弁に取り替えるべく、五週間の入院生活があった。手術も無事終了、妻はほぼ毎日、病院に来て看護に勤《いそ》しんでくれたが、こんなことがあった。入院、三週目の夕暮れの頃、胸はまだ手術後の傷痕のため入浴禁止。でも、背中にはシャワーの湯を浴びても障《さわ》りなしとの許可が出て、早速、バスルームの浴槽にしゃがみ込んで、湯をかけて貰った。久し振りに背中を奔《はし》る水流の感触にはしゃいでいたが、ポツリと語り始めた妻の声が柔らかく響いて、私の奇声を黙らせました。

「……あのね、私、こんな日が来ることを思ってあなたと一緒になった……」と言います。

私と妻は二十五歳、二十一歳で所帯を持ちました。今思えばさしたる世間智もなく若気の至りでした。私の職業はフォークシンガーという、将来と収入については全く未知という危《あや》うい世渡りでした。

その仄暗い前途に向かって歩き出す時、まだ二十一歳の花嫁の彼女は向かうべき未来に一点の情景を目標として思い描いたそうです。それは年老いて、身体の不自由に倒れた私に、懸命に襁褓《むつき》を取り替える自分の姿だったそうです。「私はこの人のオシメを替えるために、今、バージンロードを歩いている。オシメの世話をしてあげることをめざしてゆくのが私の人生……」と決心したそうである。だから、今度の大病も動揺しないし、ここから続く老いの坂の厳しさは二十一の時から覚悟していたと言います。そこで妻は黙り、粗いタオルで背・肩を擦《こす》ってくれます。その沈黙が次は私に語れと催促します。さてさて、あの時、あのバージンロードの道行きで何を考えていたか……確か、私は未来のことなど欠片《かけら》も考えてはいなかった。私の胸中にあったのは、この二十一歳の花嫁の愛らしさだった。半年ばかりの交際の後の結婚だったが、初めてのデートの時の彼女の服装さえ忘れない。大阪の銀行に勤める彼女の暮しもまた貧しく、交際中のデートの服装は代わり映えしなかったが、濃い青のスカートと青と赤チェックのセーターが一番可愛かった。その時は正直に彼女にそう言いました。今も、初めてのデートの時の青と赤で装った彼女は瞼のすぐ裏に収納《しま》ってあります。で、浴槽の中で背を洗われながら新たに気付いたのですが、あの素晴しい「愛」の始まりの時、私どもは「同じ花」を見ていなかったのです。ＳＬ列車のボックス席に似て、向かい合わせの席に座った夫婦でした。妻は進行方向に向かって座り、私は対面《といめん》に座った。初めから妻は終着駅をめざし座り、私を見つめていた。私は離れてゆく始発駅の方にむかって座り、彼女を見つめていた。列車の窓に三十六年の歳月の景色が過ぎて、座っている席の違うことに気付いたのです。彼女は私の「老い」をめざし、私は彼女の「若さ」を記憶して、夫婦を続けていました。初めから同じものを見ず、私どもは向かい合わせを見つつ、生きて来たのでした。

夫婦も三十年を共に暮しますと内田氏の御指摘通り、（この人、よく分からない）という違和《いわ》に気付きます。相手の違和は次々と見付かります。

北山氏のいう「同じ花を見て美しいと言った二人の心と心が今はもう通わない」という絶望が頻発します。

しかしその絶望を夫婦の結論とするのはどうでしょう。中年や熟年の離婚では夫婦が長い年月を経て、互いの本性が露《あらわ》となり、誤解していた自分に気付いてそう結論付けるのでしょうが、果してそれは真実を見つけたからでしょうか。ちがうようですよ。同じ席に座ったつもりが、実は向かい合わせに座っているということが男女にはよくあることのようです。

三十六年ぶりに発見したことですが、並んだつもりが、向かい合わせの席に座っておりました。正直に言えば私は彼女を誤解していました。

若い頃の妻はよく泣く娘でした。逢瀬《おうせ》を重ねるうちに、送ったり送られたりする時があったのですが、必ずその車窓の内か外で大きな眼に涙をためている娘でした。それが何だか、可哀想で……その可哀想が可愛いに見えて。そう、確か〝可哀〟と〝可愛〟は言葉の源が同じらしいですね。

　私は誤解しました。この娘は可哀想なほど弱いから何とか守ってやりたいと思ったのです。

　妻は私をよほど強い男と誤解していたようです。ようですが、弱い妻を守っている間は私は強い男でした。どうやらお互いに誤解したようで、三十六年ぶりにもう一度この妻を見つめますと、彼女は弱くありません。凄く強い人でした。私は間違ってしまった。三十六年も……。

　但《ただ》し、彼女も間違ったのです。私はそう強くありません。彼女が弱さを演じてくれたから、強く見えただけでした。私ども夫婦の塩梅の良さは誤解した分量がピタリ同じだったところです。私どもはお互い、間違うことで結ばれた夫婦です。「同じ花」も見ず、同じ場所もめざさず、違うものを見て「美しい」と誤解して、三十六年もの歳月を共に生きていました。

　こうなりゃ、このまま行っちゃいますよ。ここからも間違ったままで、向かい合わせにゆこうと思うのです。

　男女において、ふたりを結び付けるのは正しい「愛」だけではありません。ふたりが同じところで間違った、というのも「愛」と呼べるのではないかと思うのです。

それ故、「愛」という出来事において、正誤はありません。「愛」とは過ぎた後に立ち起るもので、何やら雨の後に陽光天に満ち、大空に出現する「虹」のようなもの。そしてそれが七色に輝いて見えるのは別の理屈です。北山教授のヒット曲でいえば、「あの素晴しい愛」は「心と心が今はもう通わない」から出現したのでしょう。「愛」とは過ぎた後に出現するもので、その初めは「虹」と同様、突然の雨という空模様から始まるものです。

糸と衣《ころも》

白川静博士が世に遺《のこ》された学問的業績は白川学とも称されています。〈学〉と呼ばれるほどの体系でありつつ、斬新なのです。何せ、漢字ひと文字に籠《こ》められた本来の意味を捜して、その字解の旅は三千数百年を遡るのですから。それほど遥かな淵源《えんげん》を尋ねながら、白川博士がひと文字の字解を語られるとそのひと文字が妙に生々しく感じられます。

まるで土中深くから掘り出した縄文土器の底に触れると炎で炙っていた時の熱がそのまま残っていたような、イエスの聖骸布に触れると彼の体温がまだその布にあったような、時空を超えた生々しさが伝わって来るのです。

さて、論より証拠とゆきますか。『桂東雑記《けいとうざつき》　拾遺』（平凡社）、博士のエッセイ集からで、その２７１頁あたりからの抜き書きです。

〈糸はそういうふうに神を祭るときにも清めのものとしてとうとばれたものでありまして、

糸かせの前に人がすわっております形が後の御という字になる字であります〉と仰る。「御」という文字の三千数百年前の形、甲骨文字では**図1**で、人が跪《ひざまず》いて、捩《ねじ》った糸の房《ふさ》の前にいます（図1〜5は白川先生の著書を参考にして私が書きました）。実はただの糸ではありません。天から神を呼び降ろす霊力があります。その糸束《いとたば》を跪いて女が拝む形で糸に悪霊を祓《はら》う呪禁を宿すために祈っています。その糸で作ったふさ飾りを衣服の裾《すそ》につけると邪霊を祓うのです。つまり女性の衣服の裾をフリルで飾るのは実は魔除けだったわけで、あれは防護のためかと思うと何か生々しく女心の凄みが伝わってくるのです、私には。で、そのフリルの多い衣裳ですぐに思い出すアスリートたちがいます。女子フィギュアスケーターです。

百花繚乱に咲き誇る彼女たちでありますが私の印象に強く残った一人目のアスリートは荒川静香さん。冬のオリンピック・トリノ（イタリア）で日本人ただ一人の金メダル獲得の女性。二〇〇六年二月、遠い日のことながら彼女のクールビューティーは強烈でした。その後は解説者やタレントとしても活躍なさっておられますが、その活躍の中でも途轍《とてつ》も無く美しい彼女を目撃したことがあります。

図1

オリンピック後、彼女は大変な人気者となり、あるバラエティー番組に出演しておられました。そのTV番組は無理難題を設定し遮二無二クリアするための大騒動を笑いにする構成。

　無茶苦茶が大いに評判を呼んでいた番組でしたがそこに荒川さんが、なんと流氷の上でスケーティングを披露するために出演なさった。

　オホーツクの流氷が流れ着く小さな港の湾内に人工で流氷のリンクを浮かべ、防波堤に町民の見物人が幾重か並ぶ中、競技の衣裳で彼女が出演。

　というか……まるで降臨したという方が正確か。女子フィギュアの衣裳とは格別のものなのですねえ。競技大会の氷上で見れば、選手を際立たせるための道具に過ぎないものでしょう。ですが、しばれる冬がやっと過ぎて、粗い陽射しが眼に痛い早春の北の漁港。その埠《ふ》頭《とう》に括り付けられた小さな氷上リンクに荒川静香が立つとこの世の人とは思えないのです。

　身体を覆う最小の布地、小さなスカート、裾の糸飾《フリル》りに煌めく星のようなスパンコールで、まるで異界から出現した妖精に見えるほど美しいのです。

　特にその番組は彼女を見守る人々が、まだたっぷり冬の名残りで着込んでおられ、すべての人の足元が重いゴム長ゆえに荒川さんのみが裸形の輪郭も鮮やかな妖精のようで、圧倒され見惚れておりました。

それにしてもと思ったのが、衣裳とは特に女性をこの世に在らざる者に変えてしまう霊力を持つと思い到ったわけです。

この荒川さんは発言が率直な方で、フィギュアスケートを始めた動機についてフィギュア選手を初めて見た印象をあげておられました。

その印象とは御本人の言によれば氷上を回転するその人のスカートの裾が美しく跳ね上がる、その様《さま》に魅せられたそうです。様々なスポーツがある中で美しくスカートを跳ね上げるスポーツはフィギュアスケートだけと、仰っておられました。あのクールビューティーの荒川さんを魅了したのは、ひらくスカートの裾であったとすれば、フィギュア衣裳にはそれを着る人に何か日常に在らざる力を憑依させる呪能が宿っているのかもしれません。今、使った「憑依」の「依」は「にんべん」に「衣」です。で、この「衣」、よくよく探すと漢字の中にいくつもひっそりと隠れています。で、何故こんなところに「衣」がと不思議でならない文字が「哀」。哀しみという感情の、その足元に何故、「衣」が潜むのか。

で、白川博士は三千数百年前の「衣」を亀の甲羅に刻まれた甲骨文字に見つけています。

図2

図3

「衣」は図2、なんとこれが襟元を合わせた衣の形。その喉元に小さな祈りの箱を置いて、図3、これで「哀」。何をこの文字は哀しんでいるのか。実はその衣を着ている人は死者。小さな祈りの箱に霊の安らかであることを祈る願いを納めて、あるいはそこへ涙を落したかも知れない、と白川博士は言います。

更にその人の襟元を見つめる目が涙を流し思い出を追う。図4で「懐」しい。その人が遠いところへ行ってしまったが、その襟元に美しい「玉」を添えて帰れと祈るのが「遠」図5となる。

それほどに「衣」とは重大なものであったと白川博士は言います。「糸」には邪鬼を祓う霊力があり、「衣」にはその人の魂が宿ると三千年前の人は信じたのでしょう。特に襟元を「玉」で飾ると死者の力がその「衣」を着た者に憑依するとは、実に生々しい肌触りの文字です。

遠い昔はそう信じていたのかと思い巡らすうちに、ハタと思い当たりました。

図4

図5

「糸」をフリル、「衣」をコスチューム、「玉」をスパンコールと現代語に意訳するとまるで女子フィギュアの衣裳のようで、彼女たちが霊的な呪能をもつ巫女と化すための装置こそ「衣《コスチューム》」ではないかと思い付いたわけです。

伊藤みどりさんは先駆の人。一九九二年のアルベールビル冬季オリンピックで日本女子フィギュア初の銀メダリスト。女子で世界初のトリプルアクセルを跳び、その技の美しさは今も並ぶ者なしと評されています。彼女から日本女子フィギュアの快進撃が始まったわけで、誠に伝説の人。

で、彼女を慕う同郷の後輩に浅田真央さん、在り。このみどりさんの「衣《コスチューム》」を譲られて、（この「譲」にも「衣」が隠れておりますが）その霊力が乗り移ったか、浅田さんも世界選手権で三度の優勝、バンクーバーで銀メダルに輝いたのです。それから四年後、「金」をめざした二〇一四年のソチ、ショートプログラムで無念の転倒から動揺。順位を落とすのですが、フリーでは神懸かりの美しい演技で、終了直後の天井を見上げて感極まった泣き顔の真央さんの表情は忘れられません。

　口紅の唇が小さく震えて、愛らしい童女の泣き顔は今も忘れられません。

で、ふと思ったのは……あのショートのミスは、「衣」の霊力がいかされなかったのでは、と。

　何とか、その一点、確かめようと思ったらテレビ番組で真央さんの後輩、ソチオリンピック代表村上佳菜子さんに会える機会に恵まれまして……何とか確かめたかったのですが、私の横に久本雅美なるお笑いモンスターが張り付いておりましたので、話題がどうしても「衣」に宿る霊力などという暗い話に向かいませんで、聞き逃してしまいました。

　古代の神懸かりと現代オリンピックの競技シーンとを重ねるとは、と呆れて嗤う方もおられるでしょうが、私は人間の心理に起ったことは三千年の時を超えて、同じことが起きると思う人間です。

羽生結弦なる天才スケーターがあれほどの不調を抱えながら、二〇一八年平昌オリンピックで二度目の金メダルを獲得した時、彼の衣裳は呪能をもつ「陰陽師」でした。ねっ……あの青年には古代へ繋がる霊力があるのですよ。でも「金」を逃した浅田真央さんにはあれから、別の輝きが宿ったような気がします。あの浅田真央さんについて、日本人の思いは実はひとつではなかったでしょうか。誰もあの人に「金」メダルを、と拘《こだわ》ってはいなかった。誰もが願ったのはあの娘さんが花のような笑顔をうかべることで、皆それを待っておりました。そしてその笑顔を今、手に入れられた。世界は逆説に満ちております。与えることで与えられる「愛」のように、失うことで得る心境もあります。どうか真央さんあなたと共に霊力《フォース》のあらんことを。あなたの「衣」の霊力が次なるスカイ・スピナーに宿りますように。

追伸。「衣」の霊力を説かれた白川静博士は机に着いて一日、文字を追っておられました。やっとペンを置かれて、いつも腰を叩かれておられたが、ある日、立ち上がって頻《しき》りに海老反りなさった。九十歳を越えた博士ですから、娘さんが心配して無理をしてはいけませんよと諫《いさ》めると、少し悔しそうに、「一文字ちがいなのに何故出来ん」と一人言。この大博士は実は荒川静香さんのイナバウアーポーズでその諧謔《ユーモア》のセンスを披露なさったとか。もしかすると博士もフィギュアの「衣」を密かに愛されたか。

素手のてっぽう

舞の海秀平さんの大相撲解説が面白い。この人の声で数秒で終った大一番を振り返ると、恐竜トリケラトプスの如き、力士の激突の中に技と心理の綾《あや》が細やかに、織り成されていることを、教えられる。百七十一センチで百キロに届かない小兵でありながら、足取りや猫だましを駆使して巨漢に立ち向かった姿は、勝ち負けに関わらず圧巻の構図でした。今も新しい小兵力士の活躍が続いていますが、「小が大を制す」という図は古今東西、これほど胸の空《す》く瞬間はありません。牛若丸と弁慶の対決はもうその組み合わせだけでメインイベント、興行的にも人気の対戦となります。

それにしても！　大相撲とは残酷なほどシンプルな格闘技です。百キロの体重差を考慮せずに対戦が組まれるわけですから、近代スポーツの体重別階級制は、何と科学的か。そう、大相撲とはどこか古代と繋がっているのでしょう。舞の海さんから聞いた力士たちのエピソードです。本場所が終ると彼ら力士は季節により地方巡業へ出る。ボクシングやレスリングのプロは試合と試合の間に数日から数ヶ月をおいて対戦するが、相撲は毎日、土俵の上に身を置いておかねば衰えてゆく「力」があるそうで、そのあたりも大相撲は古代に倣《なら》っているのでしょう。故に日々、ありもので鍛える。巡業先の稽古場にダンベルやバーベルがないと力士たちは見渡して、取り敢えず重いものを、時に軽トラを、バーベルとして使うそうです。バンパーを持ち手にして、上げたり捻《ひね》ったり、彼らの膂力《りょりょく》は超人的。ある車好きの力士は、車庫入れや縦列駐車が面倒になると車を手で入れ、並べていたと聞きました。このあたり、弁慶が大鐘を引きずったとか雷電が大石を持ち上げたとかの伝説に繋がるのでしょう。

　その舞の海さんの指摘で物議を醸《かも》したのが横綱・白鵬の「張り差し」「搗《か》ち上げ」。白鵬は若手力士が頭から突っ込んで来る勢いを削ぐため、立ち合いでその横面を強《したた》かに張る。その隙にまわしを有利に取る。あるいは立ち合い、右肘で相手力士の顎を搗ち上げる。これがほとんど肘打ち、プロレス技のエルボースマッシュに見えて、失神させるほどの威力がある。下位力士はさすがに横綱相手ですから、「張り」「搗ち」は遠慮するので解説の舞の海さんはその立ち合いに注文をつけられた。白鵬としては心外だったでしょう。反則でもないのに、横綱であるという理由から禁じ手同様に封じるべきとの意見ですから。彼にも反論があるでしょう。

白鵬という横綱は日本大相撲にとって正に中興の祖です。この人ほど横綱の位置について、その立ち振舞いについて考え込み、己を律した力士はいないと思います。先ずは白星を揃え、優勝回数を積み上げて横綱の「格」を証《あか》し、あたりを睥睨《へいげい》の姿は恐らく史上最強の力士でしょう。なのに、横綱である彼には舞の海さんの他からも注文がつく。立ち合いばかりではない。稀勢の里との一戦では立ち合い、全身で飛び込むようにぶち噛《か》まし、肉弾となって稀勢の里を土俵の下へ飛ばした。行司軍配で勝ちを貰ったがすぐに物言いがつき、取り直しの判定。白鵬は唖然としていた。

その場所、優勝は決めたものの、その一番、余程悔しかったか「子供が見ても（どちらが勝ったか）判るだろう」と審判部への不信を露にしたが、親方衆からすぐに叱責が飛んだ。「足裏以外の体の一部が早く砂についたら、その力士は負け」。恐らく、なり振り構わぬその体当たりには相手力士への配慮が全くなく、重傷を負わせる捨て身技という判断が昔からあったのでしょう。白鵬は実に率直に「知らなかった」と非を認めて、この取組について抗議を下げました。

白鵬は「横綱」の位置について考え続けたのでしょう。それからも、優勝の度に、観客と万歳をしたり、平成から令和への時は時代を締め括るとして、三本締めで観客を沸かせたが横綱審議委員から「らしからぬ」燥《はしゃ》ぎとして苦言を呈された。白鵬はいい人に違いありません。ですから気の毒に思う。「モンゴル」力士は差別されているとの発言も曲解されて伝わった発言と思うが、彼自身、日本理解に苦しんでいるのかも知れない。

白鵬のライバルは嘗《かつ》て、モンゴル出身の朝青龍でした。ヒール役の似合う横綱で、マナー問題から暴力事件、仮病疑惑まで起こし、追放同然で相撲界を去りました。この時、散々この横綱につけられた注文が横綱の「品格」でした。白鵬は彼を反面教師と見たのでしょう。強さという「格」と、もうひとつ「品」を併せ持たねば、特に横綱は時として追放同然の憂き目に遭うこともある。更にモンゴル人横綱・日馬《はるま》富士《ふじ》もまた、自らをコントロール出来ずにカラオケのリモコンで後輩力士を殴りつけて追われた。その後輩力士も同様に追われ、「品」について彼は深く考え込んだと思う。この横綱の「品格」の「品」は大相撲ファン、親方衆、横綱審議委員会など多くの人が強く求めて来る。だが、その「品」が何で、どうすれば身に付くのか誰も教えてくれないのだ。彼の「品」に対する模索こそがあの一連の「らしからぬ」燥ぎで、必死の手探りの故かも知れない。で、その

「品」というものを改めて考えてみると、今ここに「存在しない」ものではなかろうかと私、思い付いたのです。今はまだそこにないものを然《しか》もあるものとして振る舞う。

それは合気道家のいう「幻の剣」、片足立ちバランスのために想像した「尻尾」、結婚式の誓いの言葉の「永遠の愛」。これと同列に置かれるべきものが横綱の「品格」ではなかろうか。相撲勝負には「白と黒」の勝ちと負けがあり、金星に座布団が飛び、出世や陥落、人気、谷町、懸賞金などなど果てしない形而《けいじ》下の「格」がある。形而下とは即ち具体的で、そこに「存在する」もの。中国古典の「易経」によれば形而下とは「器」の謂《いい》という。それは体重、得意技、番付の形あるもので、「格」とよぶ。で、横綱に求められる「品」とはこの真逆の形而上の一点のことでしょう。

それは今ここに「存在しない」もので、「易経」によれば形而上とは「道」の謂としています。で、この「道」とは何ぞや。絵筆で「道」を描くと判り易いかも知れない。白いキャンバスに「道」を描く。その「道」を遠近法で奥行きのある風景に描きたいなら、画家は己の目の高さから風景の奥に直線を束ねる一点、消失点を設定しなければならない。

消失点とはここから一番遠い「あそこ」。まだ辿り着いていない「あそこ」を設定することで集中する己を「ここ」に作ること。「ここ」に集中するために「あそこ」を目指すのです。

判り易く記憶に残る名選手・長嶋茂雄氏のたとえで。彼はバッターボックスに入って数秒、素振りするうちに放物線の美しい本塁打を放ち、ホームベースを踏み、それが決定打でヒーローインタビューに応じて、ロッカールームで後輩を誘って、彼らを連れて銀座で飲み、田園調布の自宅へ帰って、一茂君を抱き上げて奥様と語らい、それから蒲団へ入ってその蒲団の闇の中で、その快心の手応えにひとりほくそ笑むところまで数秒でイメージ出来たという。試合の度《たび》、バッターボックスの素振りの度ごとの消失点が彼の呼び名をミスタープロ野球にしました。恐らく「消失点」の設定がその人の気配に「品」を醸したのでしょう。誰ひとりその説明が出来ないのはめざす人、その本人が「ある」と決定しない限り、それは「ない」からでしょう。今、ここに「ない」ものを「ある」ことに設定出来るのは白鵬の他、誰もいないからです。

で、珍妙か……神妙か、ある日の大相撲中継でのことです。

先の場所で満身創痍の横綱・稀勢の里が初日から白星を並べられずに、無念のまま、引退を発表。

で、その場所も白鵬が白星を並べ、優勝回数記録を積み上げた千秋楽のこと。白鵬の強さを絶賛しながら、アナウンサーが頻《しき》りに今最強の力士は白鵬の他にないという実に当たり前の話を広げておられると、解説の北の富士さんが「いや……」と笑い声を洩らしながら反論なさった。「今、一番強いのは稀勢の里ですよ。星に拘らなければ稀勢の里が最強です」と。そんな風に仰った。これは珍妙です。優勝横綱より引退横綱の方が強い筈はない。しかし北の富士さんの断言には、「星に拘らなければ」の一言が付いています。強さとは白星の数で証明出来ないという北の富士さんの断言に大相撲の神妙を聞いた気がします。

　素手で相手を突き押すことを相撲用語で「てっぽう」と言います。

徒手空拳の手のひらが「てっぽう」の威力をもつのです。

いかな幻を握るかで、ただの手のひらが「鉄砲」になるのです。

白星をならべられずに引退を決意した横綱・稀勢の里ですが、その引退会見の席でも彼は最強の、潔い横綱になりたいと涙を流していました。

　まだ幻を目指している稀勢の里を「品格」の証明として北の富士さんは最強であると称揚《しょうよう》されたのでしょう。

野球カードの人たち

今、振り返ればそれは貴重な上に、希少な体験だったに違いありません。今頃になってその値打ちを肌身に感じ入り、記憶の引き出しから取り出して机の上にズラリと並べてみようという心境になっています。何故、そんな心境になったのか。あのですねえ、長いこと生きておりますと、謎のような出来事や言葉に遭遇することがありまして、「謎」というヤツはひとつだけでは謎のまんまで解きようがありません。

で、そこからまた長く生きて来ますと、なんだかその言葉によく似た「謎」に出会うことがあるのです。（あれ、これ見たことあるなあ）なんて「謎」を並べて見比べているうちに、二つとも同じ紐の結び方で包まれていることを見つけたりして……その結び目を爪で摘《つま》むと硬い結び目が緩み、パラリと、その「謎」が解けそうで……。

それで、最初の「謎」を先ず、取り出すために筆を執ったのですが……これが豪華絢爛な「謎」でして、今更ながら価《あたい》千金と感慨にふけっているのです。

では、その最初の「謎」とは……野球カードの人たちとの出会いです。それは私、三十代初めの元気盛りの頃。あるラジオ番組の企画で巨人軍ＯＮについてのインタビューをライバルたちから聞き集めるという内容でした。ＯＮとは勿論、王貞治・長嶋茂雄両氏のこと。ふたりとも現役は引退なさり、監督を務めたり、「充電」と称してスポーツ解説の任に遊ばれておられた一九八〇年代のこと。そのラジオ番組は確か、雨傘番組でして、ナイター中継が雨で流れた場合、野球の話題で放送時間を埋めるための企画でしたが、評判は良かったようです。ＯＮと功名を賭けて競い合ったライバルたちが在りし日の、その一球一打を語ってくれるのですから勝負の綾の、その肌理《きめ》の細かさは傾聴に価します。

で、そのライバルたちとは（面倒なので、ここは野球カード宜しく敬称略で）野村克也、星野仙一、張本勲、稲尾和久、江夏豊、権藤博ら。イチロー、野茂、松坂らのひとつ前の昭和世代で、人気を牽引した戦後プロ野球史の恒星たちです。惑星ではありません。ですので、皆さん、その場に踏み止まり、自ら燃えて光を放つ恒星の如きスターたちでした。その星雲の中でも特異な、ブラックホールのような存在の野村さんから聞いた話です。捕手である野村さんは常にバッターボックスに立つＯＮの背中と対峙した。野村さんの必殺技は「ささやき」戦法。試合中の敵・味方選手の会話は原則禁止。故に野村は敵選手の背中に一人言をただ呟くのです。あくまで、一人言で、「なんや、直球を待ってんのか」「ええスウィングしとるなぁ」「次のボールはカーブや」等々で、この「ささやき」がバットを振り出す直前に、耳に届くため、バッターは声に身体がつい反応してしまうそうで、野村さん言わく、この必殺技で幾人もの新人投手に輝かしき一勝をプレゼントしたそうです。この「ささやき」は野村さんにとって単なる間《ま》外《はず》しでなく手間暇かけた情報戦でした。呟きの中には「あの女とはもう別れたんか」という場外で探し当てた貴重な「ささやき」も混じっていたそうです。こう「ささや」かれて、敵選手のバットは空を切ること再々でしたが、この「ささやき」が全く効かない敵こそＯＮ、王と長嶋だったそうです。王はバッターボックスに入っての素振りの時は野村さんの「つぶやき」に律儀に応じてくれるそうです。ところが、あの一本足打法で片足が上がると何を「つぶや」いても、叫んでも駄目で、その打球に対する集中力は彼のみ無音のシールドに包まれて在る如く……必殺「ささやき」戦法ははね返されたとのこと。そしてもうひとりの強兵《つわもの》こそ、長嶋。王とは梅桜の対照で長嶋は野村さんの「つぶやき」に答え続けたそうです。バッターボックス・素振り・構えて、ダウンスウィングからバットの芯で捉えてセンターへ抜ける好打《ヒット》。で、一塁へ向って猛走するまで野村さんに対して語りかけて来るそうです。「こっちがおかしくなる」と野村さん。兎に角、ONに対してライバルたちがどれほどの闘志を燃やしていたかヒリヒリと伝わって来る逸話ばかりでした。

田淵幸一さんから聞いた話。どうしても王から三振をとりたい投手・江夏。その王が高々とキャッチャーフライを打ち上げ、捕手・田淵が（仕留めた）と凡飛球の真下へ走り込みミットを構えると「おとせ」と江夏は叫んでいたとのこと。このONから三振をとるということは、それほど投手たちには重大事だったのでしょう。次は星野さん。背広姿は実に紳士然としたスマートな印象。ところがこの人が長嶋を語り出すと、後に闘将星野と謳われたあの表情に豹変するのです。投手・星野の語り出しはこうでした。

「長嶋からはどうしても三振とりたかった。それが夢だったよ。なんせ中日（ドラゴンズ）が勝った負けたより、長嶋から三振とれば、そっちの方がスポーツ新聞に大きく載るから。私も若いもん。チームの勝利よりそっち狙いました」と、熱く前置き。そしてアッと驚く内情を語り出された。中日ドラゴンズの若き投手、星野仙一はその日、マウンドで読売ジャイアンツ長嶋をむかえた。当然メラメラと湧きあがる闘志。バッターボックスの長嶋はバットを素振り、で構えた。星野、グラブを下ろし静止。ゆっくりと投球モーションへ。その時、突然、彼の名を呼ばわる声。「仙ちゃん、一番いい球、いい球頂戴」と。バッターボックスの長嶋の声で、彼はバットスウィング中でも相手ピッチャーに話しかけ、注文をつけて来たそうです。いかな大喚声にも消されることなく彼の甲高い声はハッキリと聞こえたそうです。「カッとなってねえ。この野郎って投げ込むんだけど、長嶋はねえ、失投や打ち易い球を投げろと言うとるんじゃない。逆。逃げ球じゃあなくて、真っ向勝負の一球でこい、って注文つけて来とるのよ。よし、そんじゃあ……」と、挑んでいったそうで、そうなるとベンチの敬遠、四球のサインなんか見もしなけりゃ、見ても無視。ただひたすら、長嶋との勝負へのめり込んでいったそうです。

　兎に角、火の出るような速球を投げ込んで、「星野にキリキリ舞いの長嶋」なんて新聞の大見出しを思い描いて、「こんにゃろう」と投げ込む。しかし敵はさる者、その渾身の一球を火を吹くようなバット一閃でセンターへ運ぶ。長嶋は猛走、一塁蹴って二塁へ跳ぶ。ガックリと肩を落とす星野だが……その耳にまたあの声が響く。あの声は甲高く叫ぶ。

「いい球！　仙ちゃん、今のは魔球、ボクしか打てない」と。走りながらまだ話しかけてくる。

「まあ腹立ってねえ……それで今度こそはと、必死に練習してねえ、でも考えてみりゃあ、長嶋は私が勝負にゆくといつも褒めてくれた。打たれりゃ口惜しいからおかげで練習もした。長嶋が引退した時、まっさきに泣いたのは打たれたピッチャーたちだったと思うよ」と、その人。そう語りながら、目にはキラリ光るものが滲んでおられました。

長嶋という人物が格別に「ミスタープロ野球」と呼ばれた事情はこの辺にあるのでしょう。

それにしてもプロ野球人の記憶とはどこか身体的でした。記憶が頭でなく身体のあちこちに刻まれているようでした。

これは確か張本さんから聞いた話でしたが……「広岡からの送球は何か冷たくて、グラブに収まる時、捕れるかって確認するんですが、長嶋はちがいます。長嶋の送球を捕ると、グラブの中でボールが（ハリさん、優勝しよう）って言うんです」。……まさか、硬式ボールが喋ることはないのでしょうが彼らの手のひらには聞こえるのでしょう。星野さんの話の時がそうでした。長嶋へ投げ込んだ「こんにゃろう」の件《くだり》では身ぶり手ぶりで話しつつ、幻のボールの握りは直球。その時を指が憶えていたのでしょう。

そしてこんなこともありました。その番組ですっかり仲良くなった野球人、江夏豊とゴルフで遊んでいた時のこと。昼食のクラブハウスで誰かにサインを頼まれた江夏でした。

機嫌のよくない時は無愛想な男でしたが色紙ではなく硬式ボールにサインを頼まれたのでボールを握ると思い出が立ち上がったのでしょう。（確かカツカレーと巨大な海鮮味噌ラーメン等をフォークと箸で食べていた）江夏がフォークと箸を置き、左手の手のひらでボールを遊びながら、ポツリと低く「一球目」と呟いて握ってみせたのです。更に指を変えて「二球目」、指先でボールを回しつつ、止めて「三球目」と。江夏はコマ撮りの連続写真のように瞬時瞬時にボールの握りを変えて、そのひと言を「21球目」まで続けました。

野球について私にどれほどの知識があるわけではありませんでしたが、それは彼自身が語ってくれた「江夏の21球」でして、プロ野球史に残る名勝負の回顧でした。一九七九年、日本シリーズ第七戦で、対近鉄バファローズ戦の九回裏、心理と技の粋《すい》を注いで江夏が投げ込んだ「21球」の渾身を称えて、そう呼ばれていました。

その一球、一球にプロ野球人たちの命懸けの表現があるのですが私の驚きはその勝負の細やかさ、巧みさにはありませんでした。私は球技全般について感性が鈍く、センスがありません。下手なので、彼らが当たり前のように呟く言葉にひたすら驚くのです。「江夏の21球」について私が一番驚いたのは、もう十年も前の試合の、一瞬のうちに過ぎていった「21球」を江夏の指がすべて記憶していることです。

この人たちは指で記憶し、叫びそして手のひらで声を聞く、そんな体感の人たちなのです。

で、そんなラジオ番組からスピンアウトして、付け足しのこぼれ話。よくぞ、色々とプロ野球人の話題を取り上げて下さったと主役の長嶋さんからゴルフに招待されまして……とてもとても御付き合い出来る腕前でなし。それで、ゴルフ上手の小田和正さんを助っ人に頼み込み、横浜近くのゴルフ場で遊んだことがあります。長嶋さんは野球業を一時離れてスポーツ解説などでも超一流の人気者でした。沈着冷静な小田さんと少年のように夢中で打ち興じる長嶋さんは見事な対照でしたが、そのプレー中、ティーグランドでのこと。その日、ボールをやや引っ掛け気味の長嶋さんはそのミスが許せないのか、私どもから離れてドライバーで素振りを始めたのです。嘗ての栄光の背番号「3」が、道具が違うとはいえ、素振りで虚空を斬るのです。音が違います。あのクールな宮大工の棟梁然とした横顔の小田さんが棒読みの声で「すげえ」と驚嘆。私が驚いたのは長嶋さんのひとり言でして、その呟きは「誰か投げてくんねえかなあ」。

長嶋さんはバッターボックスで勝負したあのライバルたちとの瞬間が懐かしいのです。あの瞬間、飛んでくるボールには、熱きライバルたちの叫び声が込められていた。その叫び声に身体を熱くしてバットを振り出したがゴルフ場では身体は冷えたまま。白いボールを置いて、睨《にら》んでも止まっているボールからは誰の声も聞こえないのでしょう。耳以外の耳で聞き、目以外の目で見て、口以外の口で話す人たちは体感の人たちです。その上に身体に記憶を刻んでいて、思い出を身体のあちこちに収めた人たちで、私にとって今も名人列伝の人たちです。

晴耕雨読　Ⅱ

『修業論』（光文社新書）を再々読。著者・内田樹氏の卓見を噛みしめる。くり返しになりますが還暦を過ぎたあたりで遭遇して仰天したその文章です。１５２頁でした。

〈「自我」という、平時においては有用だが、危機においては有害な「額縁」装置の着脱の訓練をしているのである。〉

驚きの溜息とともに読み下した文章です。人生の後半へと歩み出す世代にとって、「私」を脱ぎ捨てる訓練とは言い得て妙。いよいよ高齢者となれば「終活」という大掃除にも取り掛からねばならず、「自我」の消し方は必修の学びです。勿論、内田氏は武道修業のすすめとしてそう書いておられるのですが、この人の説くところは汎用性が高く、つまり使い勝手が良く、「終活」にも使えそうです。将に万能ナイフの便利さです。ところがここから先の文章が急に難しい。以下、私なりに意訳します。

〈今・ここ・私〉から脱け出し、〈他者との「啐啄《そったく》同時」的な身体的同機〉の〈協働身体〉を作り上げられることが危機を生き延びる身体である。

「危機を生き延びる身体」は欲しい。ここから「老い」という危機にむかって歩き出す身です。還暦を過ぎて、その「老い」は日毎《ひごと》に手強くなって来ました。「老い」の衰えは足腰を重くし、時折、襲い来る「老い」の鬱は肩に食い込み、背を曲げます。内田氏の説くところは「老い」の世代に喫緊《きっきん》の要事。しかし判らんのです。仰っていることが。〈身体的同機の協働身体〉とは如何なるものか？　甘いのか、酸っぱいのか……更にその前の〈今・ここ・私〉から脱け出し、他者との〈啐啄同時的な〉とは辛《から》いのか、苦いのか、内田氏の文は確かに難解です。しかしこの人が文章を韜晦《とうかい》などのこけ威《おど》しで飾る筈はありません。迫り来る「老い」に備えてこの人の言葉を解かねば。私はこの人について、正しく誤解しています。

勝手に、そういう人だと決めています。そういう人とは、虚空を指差し弟子に極意を説くブルース・リーの姿です。カンフーの達人のブルース・リーは名作「燃えよドラゴン」のワンシーンで少年を叱ります。「私を見るな。私の指差すものを見なさい」。きっと内田氏も何かを指差しておられる……謎の文章を何度もなぞり読むうちにふと思い当った光景が遠い昔のゴルフ場での長嶋さんの呟きでした。不振のドライバーの当りに「誰か投げてくんないかなあ」のあのライバルを恋《こ》うる溜息こそ「協働身体」への追慕のことではないか。長嶋さんにとって何よりも野球が恋しかった。ライバルたちも長嶋さんが恋しかった。

その恋しさが哲学的には、他者との〈啐啄同時的な〉身体的同機の協働身体という表現になるのではないか。野球のバットとゴルフのドライバーは共にボールを打つ道具でありながら意味が全く違うものです。野球バットを握る打者の正面には投手がいる。その一球一打のやり取りが打者と投手の間を「身体的同機の協働身体」感覚で結ぶのでしょう。その感覚は記憶ではなく、直に身体に刻まれてゆくのです。それでも難しいです、この感覚の説明は難しい。で、別の著作、『私の身体は頭がいい——非中枢的身体論』（新曜社）の64頁で内田氏、こう語られている。その文章を意訳して重ねてみます。括弧部分は、私が書き加えました。

剣、あるいは武具（ここでは長嶋さんのバットと考えます）、そして組手でつかみあった「敵」（ここでは星野さんや江夏と考えます）は「負の条件づけ」であり、「謎」であるけれどそうであるがゆえに必須のものである。

〈空を飛ぶ鳥が「空気抵抗」がなければ飛べないように、水中を泳ぐ魚が「水の抵抗」がなければ前へ進めないように（中略）私たちを混迷のうちに導く「謎」の挑発があるがゆえに、修業というものが成り立つのである。〉

なるほど、と思うのです。目の前にいるライバルたちが「ミスタープロ野球」たる長嶋茂雄を呼び出す。飛ぶ鳥のように、泳ぐ魚のように長嶋さんを躍動させる。ところがゴルフには「負の条件づけ」たる眼前の敵が存在しない。その差が長嶋さんに思わず、「誰か投げてくんないかなあ」と嘆かせた。長嶋さんは「負の条件づけ」がなければ命は躍動しないと思い知ったわけです。

では、「負の条件づけ」が「老い」ならばどうだろう、と私は思ったわけです。「老い」を相手にして、私は「危機を生き延びる身体」を呼び出し、命を弾ませることは出来るのだろうか。「老い」を相手にどう修業してゆけばよいのだろう。

そしてもうひとつ。

長嶋さんや星野さん、がライバルたちが体感したものが「協働身体」だとして、それは如何なるものなのだろうか。そのような経験は私の人生に在ったのか。何より私に理解出来るのだろうか。

なんとしてもこれら謎の言葉を解かねばなりません。これら謎の言葉のうちに「老い」

を「負の条件づけ」として、「生き延びる身体」を得る術がある筈です。そう直感したのです。したのですから、直感に従い読み進みました。

で、その内田氏『修業論』、その153頁あたりから数頁に亘《わた》り、「協働身体」の要諦《ポイント》についても幾重にも説いておられる。

かなり難解ですが、謎に挑みましょう。こちらも少し私訳、意訳を加えつつ内田氏の説くところを抜き書きします。

長嶋対星野でもいい。あるいは武蔵対小次郎。ジャッキー・チェン対殺し屋鉄心でもいい。ここに武道的立ち合いで両者が闘う時、そこに〈「頭が二つ、体幹が二つ、手が四本、足が四本」のキマイラ的な運動体〉が出現する。〈今・ここ・私〉を忘れた両者は闘いつつ、一匹の複合的獣となって躍動する。この合体した獣を動かしているのは獣自身であって両者ではない。この両者から化成した一匹のキマイラ獣には〈運動の中心となる一点が存在〉し、両者には操作出来ない。故に両者はそのキマイラ獣に任せて、自分ではないものへ、他者へ憑依《ひょうい》するようにキマイラに成り切ってその場から湧き出すリズムに合わせてキマイラのステップを踊るしかない。

万能ナイフのような、使い勝手のいい内田氏の文章は「協働身体」の有り様をそう説かれている。なるほど……この特異な要諦《ポイント》が武道的立ち合いをした修業者の身体に刻まれていった記憶なのかと思うと、（そのような体験はないものの）判るような気もする。

どうですか、皆さんは。内田氏はこの〈キマイラ獣〉には〈運動の中心〉になる一点があり、〈そこから力が湧出し、そこに力が吸い込まれてゆく、動的な「虚」である〉とも、説いておられます。まあ、判ったような気にもなって〈協働身体〉の哲学的説明を薄ボンヤリの「謎」のまま眺めていたのです。ですが、何度もこの哲学的文章を読み返し、「キマイラ」の姿を思い描くうちに、とんでもないものと結びついてしまったのです。内田先生、怒らないで下さい。

奇態な解釈ですが、こりゃもしかしてエロス論としても読めるのですよ。

前述の文章の複合獣キマイラの件《くだり》を読み返して見て下さい。

これは激しく求め合う男女の性の描写ともとれませんか。それも成熟した男女の打算のない、頂《いただき》へ、まっすぐに馳せ登るための抱擁です。エロスが降臨し、男女が一匹のキマイラと化したその姿こそ〈協働身体〉としか呼びようのない生きものでしょう。もし間違っていたら内田先生に申し分けないので、これ以上の持論展開は控えます。

『修業論』は当然ながら武道修業のすすめで、私はそれを何とか「終活」に応用できないかと読み下していたわけです。ところが読み下しようによっては、「エロス」を呼び下ろすための作法とも読めるわけです、私には。

　無論、私の誤読かもしれず……でも誤読、誤解こそ私の得意技です。内田師範、説くところの「修業論」とは「危機を生き延びる身体」で「老い」の鬱に打ち克ち、「エロス」を呼び下ろす作法、（私にはもう必要ありませんが）そこまでを貫く極意を諭す秘伝書かも知れません。これぞまさしくサバイバルナイフ、何と使い勝手の良い万能ナイフか。それにもうひとつ……武道の奥義とは何と汎用性高きものか。金メダルをめざす青年から「終活」の高齢者、性に惑うミス・ミスターチルドレンたちへ「成熟」の道標としてもきっと活用出来る筈です。この万能は私の憧れです。私は極意が好きです。

　で、内田師範の「身体運用」論の著作を「晴耕雨読」で読み重ねておりました二〇一四年夏のことでした。

　師の著作『日本の身体』（新潮社）でこんな文章に出会いました。

　ブルース・リー「燃えよドラゴン」は宗教・言語・政治体制を超えて五大陸でヒットした。ヒットの理由はただひとつ〈リーの身体の美しさ〉にあるというのです。

　その映画で二十代前半の私も、ブルース・リーの勇姿を目撃しました。

それは今までに見惚れたアクションスターの肉体、そして動きと全く違う、異次元の存在でした。内田師範はその差を的確にこう指摘します。２４２頁です。

〈たとえば上腕二頭筋って、ウェイトトレーニングで作ると丸い塊になる〉。リーはちがう。〈一面に細かい筋が入っていて〉、塊でなくひと筋ごとに動く。この筋肉は〈人間に触らないとできない〉。〈ウェイトを上げてもダメ。刻一刻と動き、重心が移動していくものを持ち上げるための筋肉でなければ意味がない。〉

さまざまな著述を読み重ねて、己を鍛え極めるための読書ですが、「晴耕雨読」とは詰まる所、「ウェイトトレーニング」ではなかろうか、と思い到ったのです。で、私を武道修業へ誘った内田師範の言葉がこれです。

〈ブルース・リーの身体があれだけきれいなのも、人間に触っているから〉で、〈パンチングボールを殴ってたんじゃ、ああはならない〉

読書だけではブルース・リーになれない。内田師範の著作の謎を解くためにも、使い勝手のいい「極意」を会得するためにも、人間に触る修業に入らねばと思い到ったわけです。

高齢者世代の入口で何を修業するか。笑わないで下さい。もう一度、人間に触ろうと決心。

二〇一四年、七月初めのこと、私も道場通いをはじめました。「老い」を生きる修業に「合気道」を選びました。「護身術」と「武道」、「終活」と「エロス」の極意を学ぶためです。

で、ここからはオマケ。

内田師範の武道論の文章に「極意」という武道用語が屢々《しばしば》登場するのですが、ある著作の中で「極意」のルビに「エクスタシー」とふってあるのを見つけました。私がひろげた持論は大外れではないようですので付け足しておきました。

合気道修業

その夏、世田谷区・三軒茶屋駅近くにやっとのことで合気道道場を見つけました。自由が丘や三鷹まで探していましたから、私の足の便からいえば一番の好都合の場所に見付かりました。

しかし、三軒茶屋という街はあの渋谷の乾分《こぶん》の繁華街で学生、若者の街。国道２４６号に世田谷通り、茶沢通りが交わるその交差点に首都高速が蓋をするように架けられていて、囲むように商業ビルが林立しています。都下でも騒音と風抜けの悪さでは評判の交差点ですが、若い人が多いせいかどこか潑剌《はつらつ》とした賑わいが商店街にあります。

その表通りから、一本奥へ入ると、昭和の名残りのある小さな体育館があり、一階は杖術、空手の道場で二階がその道場、合気道天道館。七十畳ばかりの青畳、中央床の間に「天道」の掛け軸。そして開祖植芝盛平翁の眼光炯々《けいけい》たる肖像がこちらを見ております。入口近くの壁にポスター大の写真があって、その植芝翁が道着の若者の袖を取って、技の理屈を弟子たちに諭している一枚です。相手をしている若者は巨軀《きょく》で小柄な開祖の声を懸命に聞いている様子。この若者が若き日の清水健二管長の姿で、後に知ることだが、管長は晩年の植芝翁に学び、最後の弟子と呼ばれる内弟子時代を体験なさっていました。

さて、その日のお昼時。無人の道場に来意を告げ呼ばわると、奥の部屋から道着の人影が……片手にハンコを摘み持っておられたので宅配業者と間違えられたようです。当方を見て、業者でなく時折、テレビ画面で見かける芸人と判り、「何か……」と怪訝《けげん》な表情。

で、合気道に興味があること、ただ六十代のほぼ真ん中の年齢、その体力で合気道は学べるのか。月謝はいくらか。高齢者クラスはないのか。無料で見学はできるか、等々胸につかえた疑問、質問をザラザラとその道着の人の前に広げたのです。その人は入門手続きなどを手際良く教えてくださり、肝心の合気道については、「管長が今、ヨーロッパの支部へ指導に出ており、数日後に帰って来ますので、一度管長の稽古を御覧になって下さい」と実に的確な応対。

この物腰柔らかき事務方の人が去り際に仰ったひとことが又、印象的でして、「一緒にやりましょう……頭よくなりますよ」と。

まるで裏山へ桜でも、花見にでもゆこうと誘う気軽さで、合気道修業の武徳を「頭よくなる」と薦められました。忍耐や護身、根性をあげずに「頭」を真っ先に持ってくるところが誠に合気道と感心したのです。

そこから数日後の夏の夕べ、管長帰国後の稽古を見学させて貰ったのですが、道場へゆくと説明も面倒なので「やってみましょう」と誘われ道着に袴をつけて一門弟子の人達の端に紛れておりました。

やがて時が来て、床の間、「天道」の掛け軸の前へ進み出て一礼した方が清水管長。居並ぶ弟子の列を振り向かれると、道場一杯にピタリ揃った声が「おねがいします」と管長に一礼。管長、応じてゆっくりと立ち上がると弟子の列から御子息・清水健太師範、通称若先生が挑み、模範の演武が示されます。

相対。手刀をかざして打つ若先生。その手を受けて摑みクルリ回転したかと思ったら、手首を逆に取って畳へ投げ下ろす管長。若先生は低く悲鳴をあげて宙をとび、受け身。その受け身、背と手で畳を打つ音の凄さ。バンと道場に響く音はまるで釣り上げられた鯛が甲板を全身で叩く音にも似て……何か縁起のいい響き。数度、演武がくり返されて、管長の「はい」の合図で弟子は二人、一組でその技をなぞるという手順です。

勿論、見学の私には高度な体術なので、基本の体捌《たいさば》き、入身《いりみ》・転換《てんかん》を。半身で構えて、後ろの足を踏み出し、軸足にしてクルリと回るだけのこと。何のことはない、フォークダンスでよくやったヤツです。ところがこのクルリがこの後に合気道の奥義と知るわけで、その辺りは又、別の機会に。その見学の日、一番の印象はやはり管長でした。失礼ながら、何ともハンサムな御老人で矍鑠《かくしゃく》どころか、「腕に覚えあり」のオーラが全身から滲む方です。その武威を発しながら、技についての説明をなさる。そしてその話が長くなると管長は実にすまなそうに、「足くずして、足くずして」と弟子たちの足の痺れを案じて胡座《あぐら》を薦められる方でした。この管長の人柄か、気配のいい道場です。帰りがけ、その管長から声をかけられました。

「なんで合気道に？」「はい、女房に毎日、関節技を決められておりますので護身術でも習おうと思いまして」。破顔一笑。

管長は「合気道はぶつかり合わない武道ですから。ではまた明日」と。

見学どころか、その日は入門一日目になっておりまして、その帰り道、さっぱり汗ひかず車を止めてコンビニへ飛び込みました。なんとか身体を冷やしたくて買い求めたのは涼し気なブルーのアイスキャンディー。その冷たさと甘さと歯触りに一人唸っておりましたが……噛み割ったアイスキャンディーを口の中で転がしつつ、夜風に吹かれると、懐かしさが込み上げて来ます。高校の部活帰りの道。汗のひいてゆく心地よさは骨身に染み込んだ体感の記憶で、もう五十年ぶりで……ガリガリ君ソーダ味は何とも、うまい。

そしてぼんやりと思いました。

それほど力んだ決心ではありませんが、心中渾々《こんこん》と清水のように湧き出る感情あり。「合気道」、やってみようと思いまして……私は今、六十代半ばの年齢。これが人生最後の「修業」とも思いました。

さて、その「修業」。先ずは体捌き。何だか「マイムエッサッサ」とフォークダンスを踊る動きに酷似と思い、くり返すが、何か違う。

半身に構えていて、そこから一歩踏み出し、クルリと回転する、だけ。

これが入身・転換なのだが、道場生に混じって、クルクル動くとはっきり私だけ何か違う。横で回転しておられる黒帯《くろおび》氏に尋ねると、肩で回っていると指摘される。その上に腕に力みがあって、入身・転換に「よいしょ」というモーションがついていると注意を受ける。黒帯氏はサラリと指南なさり、「ひょいと後ろから誰かに呼ばれたように腰で振り返るのです」。

この喩《たと》え、私は知っている。内田樹氏の『修業論』の中で紹介されていた。

このあたりの理屈は「本」からたっぷり頭に入っている。

武道秘伝書で仏僧・沢庵《たくあん》が記した「不動智神妙録」の一言。

後ろから誰かが呼びかけて来た、という状況で、誰だろうと振り返っては遅い。刺客ならば斬られてしまう。どうするか。

沢庵は言う。「右衛門とよびかくると、あつと答ふる」と。沢庵のいう、その「あつ」で転換しろというわけです。で、そこまで知っていながら、その「あつ」が出来ないのです。そして、「あつ」がどれほど高度な体術か思い知ったわけです。

そんなことのくり返し。合気道修業は続きました。

その一年目の秋のこと。

その夕、「受け」「取り」で組んだ相手は高段者のマルクス君。東京、都心の道場らしく実に異国の方も多い天道館で勿論、彼、ドイツ系の方。お国柄に相応しくがっしりとした黒帯のマルクス君です。

その時、教授された技は立ち技の「呼吸法」。「受け」「取り」は相対。

「受け」が「取り」の両手を押さえに。ほとんど同時のその刹那、「取り」は「あっ」と押さえられた両手首をクルリ回しつつ、上へあげながら、手のひらを「受け」に見せるように向ける。それほどの小さな動きで、「受け」は後ろへ弾き飛ばされる。マルクス君の「合気」の威力に驚嘆しつつ、入れ替わり、私が「取」る。で、マルクス君が私の手首を押さえた。上がらない。両手が。

「先《せん》」を読まれて、上げる前に押さえ込まれている。

「ちょっと、待って」と詫びて、やり直し。今度こそはと、フライング気味にマルクス君の腕が動く前の「先」を取るが、その「先の先」を読まれてまた押さえ込まれる。出来ない……と萎《しお》れる私にマルクス君が気の毒そうに指南してくれる。言わく、「丹田です。丹田から力を出しましょう。丹田、判りますか」と下っ腹を叩きます。知っています。「丹田」は。私も柔道をやり、時に仕事のために（映画の役作りで）、中国拳法を学び、武道には強い関心を持ち続けた半生です。「丹田」という武道用語は基礎中の基礎。しかし知っていながら、私の「丹田」からは何も出ていない。まことに不様です。

　この不様を気付かせて下さった方がドイツから来た「マルクス」君で、私どもの青春を攪乱《かくらん》した思想家と同名の道場の先輩です。皮肉ながら事実です。

私は武道理解の底の深さを思い知らされ、日本の武道を知るマルクス君の呼吸法に何度も弾き飛ばされておりました。

その一年目の秋のこと。

さっぱり腕の上がらない私です。しかし合気道をはじめた動機たる内田師範の著作の文章だけは理解がすすみました。

相手をうつ伏せに制して、その腕に「取り」は腕を絡ませて「受け」の手首と肘を逆に捻りあげて、参ったをとる、という技があります。「二教」という抑え技です。この時、手首と肘を捻りあげる力加減を合気道は絶妙にも「赤ちゃんを抱くように」と指導します。そう、力むと技の気配に気付かれます。息を吐き、肩から力みを消して、とても静かに決め技に入ります。

更に、相対。「受け」は手首を取り、背後に回り込んで絞め技に入ろうとする。

刹那、「取り」は取られた手首をそのままに、ひょいっと腰を屈めて肘を折りながら沈めた腰をスクワットで起こし、起こしながら取られた手首の己の親指を吸うような動きで真下から「受け」を突き上げる。と、同時に入身・転換……となるわけですが、この己の親指を吸うような動きを「翁《おきな》の花見……花咲か翁が桜の木から花見でもするように手をかざす」と仰った師範代がおられました。事ほど左様に技の勘所《かんどころ》を説く言葉は異様なほどのどかです。そのくせその動きは「受け」に強力です。「二教」の抑えは肩を引き抜かれるのではないかと痛みに恐怖が走ります。

合気道はその身体運用でひとつだけの流れを辿りません。同時多発的に身体のあちこちの力を連動させて、敵の力に乗じてその敵を制するのである。同時多発的な身体を持たねばならない。ひとつを辿る武道的動きでは何の役にも立ちません。身体のあちこちに様々な物語を持てと要請しています。そう、身体のあちこちにちがう物語を宿す稽古です。抽象的な物言いで済みません。

でも私が圧倒され続けている内田師範の哲学の使い勝手の良さは合気道が様々な物語を含んでいるからに違いありません。

万能ナイフの如く、様々に生存《サバイバル》のための道具となる武道を求めて。で、その一年目の冬のこと。道場へゆく直前に女房と夫婦喧嘩。確か、私の道着が汚くて臭いと詰《なじ》られてカッとなりまして……汚く臭くなるまで懸命なのだと突き返すと不潔で平気な武道などあるもんかと関節技のような反撃をするものですから、応酬数分。不機嫌に家を飛び出したのです。

その日の道場、その日の授業は……相半身で相対、片手取り四方投げ。

「受け」「取り」に分かれて、その技、くり返しておりましたら、見回りながら指導なさる管長が私に声をかけて下さった。「武田くん……」と。

言わく「ぶつかっちゃあ、いかん。相手が押してくるなら押されなさい。引くなら引かれて、流しなさい。そこから入身・転換で、合気道です」。

なんだか女房との夫婦喧嘩の不機嫌を悟られたようで恐縮。

管長の次のひと言が身に沁《し》みて、勿論、武道指導のひと言ですが、年寄り夫婦の口論に割って入った御隠居のようで。

言わく「争っちゃあいかん。プラスどうし、マイナスどうしだからぶつかる。相手がプラスだったらマイナスになりなさい。それだから電気は流れる。合気道もそうです」。

私……ほとんど涙ぐんで、そのひと言を聞いておりました。

まさか、夫婦喧嘩の仲裁に合気道の奥義が使えるとは思い及びませんでした。あまりに具体的な事例で申し分けない。

しかし、こんな体験を積み重ねながら一年目の修業を歩いてゆきました。

誤解力養成講座

合気道をはじめて二年目のこと。さっぱり腕はあがらぬままですが、通う天道館道場で目撃した光景について熟々《つくづく》と考え込むようになりました。なるほど合気道とは奇妙な武道です。合気道道場に居られる方々はその奇妙について一切説明なさらない。説明することに不熱心です。稽古のはじまる三十分前、集まった道場生はただ黙って柔軟をやり、人によって入身・転換でひとりクルクル回っておられる。

静かなものです。で、この静けさの中、畳の上にゴミを見つけると拾って窓外に捨てにゆく。そのゴミたるや蜘蛛の糸、蟻の頭ほどの些細なものを見つけて、指の腹に押し付けて拾うのです。その目の良さは驚嘆すべき視力で、拡大眼鏡を必要としません。そのゴミ拾いは稽古がはじまっても変わりませんで、黒帯の先輩たちは稽古の最中でも、見つけると指先で拾いゴミ箱や窓外に捨てにゆくのです。それが面倒な時は懐へしまう方までおられました。この過剰は何故《なにゆえ》か。誰も教えてくれません。ただ何故か判らぬまま、私に伝染《うつ》っておりまして、二年目、同じことをやっておりました。この手の道場の気風のようなものは何故か理由を説明されない方が新人には伝染り易いのかも知れません。

　で、次に目撃した奇妙は……技の「受け」「取り」で、黒帯の人たちが小さく悲鳴をあげることです。見取り稽古ですから、白帯が黒帯に技を決める番があります。その時、「ワアア」とか「オットォ」とか大して決まってるとも思えない白帯の技に上位高段者がいちいち嘆息、感嘆の呻《うめ》きをあげてくださる。何故か、これも教えて下さらない。

　間違いなく、他の武道修業なら「まだまだ」とか「それだけか」とか弾き返されるところを合気道は「受け」てくれます。

　これは思い当る理由を見つけました。私、「誤解力養成講座」という備忘録ノートを付け始めておりまして、そのノートに合気道にまつわる銘ずべき言葉を記しておりました。で、その大学ノートの抜き書きの文章にこんな言葉がありました。勿論、内田師範の言です。

『内田樹による内田樹』（１４０Ｂ）。

〈武道には「四戒」という言葉があります。「驚懼疑《きょうくぎ》惑《わく》」の四つの心的状態を諌める言葉

です。（中略）武道では「驚き」が最大の禁忌とされている。〉
とあります。我が道場の先輩たちの嘆息・感嘆の呻きは武道では未熟の失態か、と懼《おそ》れましたがそうじゃあない。内田師範はすぐにこう言います。

〈武道が諫めているのは「驚かされること」であって、「驚くこと」ではないからです。受動的に「驚かされる」のはよろしくない。でも、能動的に「驚く」ことは少しも困ったことではありません。〉

「驚くことができる人は驚かされない」という逆説的な命題が成立するのです。

なるほど道場で見つけた「奇妙」にはこれほどの理合いが秘められているのか、と感動したわけです。そして私のような者に対して、つまりやたら理屈を知りたがったり、すべてを手順で割りたがる輩《やから》に内田師範はサラリと言い置かれています。

〈彼らの特徴はあらゆることを「想定内」「説明可能」であるとしてうわべの落ち着きを装っている。でも、これは知的にはかなり危険なことだと僕は思います。もっとも知的努力を集中しなければいけない対象は、つねに「想定外」で「説明不能」の出来事だからです。〉

クラリと来ますねえ。身にしみる言葉です。私のような口舌《くちさき》の徒には。

前後しますが、内田師範は道場の先輩たちの「ワアア」や「オットォ」の感嘆の呻きを美しい言葉で讃しておられる。184頁から、です。

〈「驚く」という能力は実は存外、学術的知性にとって生産的なものではないかと僕は思います。ロラン・バルトが「知性とは驚く能力のことである」とどこかで書いていました〉

合気道とは使い勝手のいい武道です。この美しく、深い理合いをどう使うか。そう、先ず驚く習慣をもつことでしょうね。

〈驚くことができる人は驚かされない〉

エルニーニョという遥か南米沖の海域で起った気象異常のせいで、猛暑の夏が来た。

さっぱりすすまぬ温暖化対策、ダムの貯水量不安、その上に野菜価格高騰の気配等々、テレビニュースは不吉な予想を並べます。で、そこに「驚く」ことを使わず。先ずは居間の窓を大きく開く。冷風一陣、吹き込むその涼しい風に全力で驚く。ハッキリと言葉にして、「なんていい風だ」と、その風に吹かれる。そんな小さな「驚く」ことが知性を研《みが》くことだと合気道はいいます。

この理合いを見つけてから、暑さ寒さに驚き、御近所の駐車場の草原に咲いたマツヨイグサに驚き、そして震度3に驚き、ガリガリ君が売り切れだったので、代わりに買った井村屋のあずきバーの硬さに驚き……思考より身体が先に驚くような体質をめざしています。

例えばです。

二年目の春のこと、管長の授業。「受け」が肩口を摑みに、「取り」は牽制、隙をついて手刀で眉間を打ちにゆく、その手刀を防ぐ「受け」の腕。

手刀を止めて押して来るが逆らわない。その勢いを受けて流して入身・転換。手首を取り、そのまま小手投げで仰向けに倒し、「受け」の肘を垂直にたてて畳に直角に押して、制する。文字で書くとややこしいのですが、兎に角、そんな技の「受け」「取り」の稽古の時、管長が技の勘所を説きました。「気付きましたか。『受け』が仕掛ける時、必ず息を吸います。人は攻撃する瞬間、必ず息を吸う。必ずです。だから『取り』は息を吐く。吐くことによって合わせる。＋《プラス》と－《マイナス》の理屈です。流す、というのはこういうことです」。

わたしゃ驚きました。こりゃ、武道的真理の伝授です。道場生は静かに聞き入っているのですが、わたしゃ、開いた口を拳で押さえて漏れる息が驚嘆の声にならないように塞いでおりました。

だってそうでしょう。「攻撃する瞬間、人は必ず息を吸う」のです。ならば、討論で、夫婦で、スポーツで、喧嘩で……すべての闘いの場で使えるこれは身体の真理です。わたしゃ、感動するんです。この手の理屈には……。

で、この理合いを先ず試したのが、女房です。私の油断、私の不手際、私の過失に女房が詰め寄る、その瞬間、女房がスンと小鼻で息を吸った瞬間に私は鼻から息をフンと吐く。小鼻から真下へ息を垂水《たるみ》のように吐き下ろす。すると……腹が立たない。カッとならない。女房の声を受けて、入身・転換、クルリと流せるように……どうぞ、同輩・諸兄諸姉も御試しあれ。合気道とは誠に使い勝手のよい武道です。女房との口論にも使えます。

で、合気道は徒手武道とされています。道具を使わない身体術とされていますが正確にはただひとつ道具を使います。「袴《はかま》」です。

飾りではありません。りっぱな武具です。一年目は何ともうっとうしい「袴」で正座から立ち上がる時、裾を踏んでつんのめり、入身・転換の時、足元にからんでよろめき、文字通り足を引っぱられたものですが、二年目からその「袴」が自分の動きを援助してくれていることに気付きました。体捌きや入身の回転を微細《びさい》ながら、「袴」の裾がその回転の遠心力で助けてくれているのを感じるようになっていました。

管長は言いました。合気道の技の成熟度は、「袴」の裾を如何に美しく開かせるかにあると。なるほどです。高段者の「袴」は技の「受け」「取り」の度に美しく開き、躍動しています。そして稽古のうちに、いつの間にか「袴」の裾に助けられている自分を感じます。クルリクルリと入身・転換で連続技を繋ぐ時、視界に入ってくる「袴」の裾が明らかに美しい「円」を描くよう、遠心力で励ましてくれます。「円」は更に「軸力」と呼ばれる力を生起させます。

武道とはこれほど微細な力も技のうちに取り込むのかと驚いておりましたら、またまた使い勝手よくこんな文章を見つけました。

甲野善紀・松村卓『「筋肉」よりも「骨」を使え！』（ディスカヴァー携書）より私なりに意訳します。

松村氏は尾骨から動物のしっぽが伸びている状態をイメージして、片足立ちすると、安定し、ぐらつかないといいます。

この身体操作のポイントは松村氏からの提言で、同氏、その64頁で、陸上短距離走に寄せてこんな提言をなさっておられます。

松村氏はバトンを持つと腕の動きが制御されますから、体幹が使いやすくなるんです。

バトンの受け渡しの技術だけではなく、体幹を使うから早く走れるのです、と仰る。

リオオリンピック・男子四百メートルリレーでもうひと息で金メダルに手の届きそうになった四名の日本選手。男子百メートルでは決勝に残る選手はひとりもいないのに、四人でリレーとなると何故こうも速くなるのか、その不思議を松村氏はバトンと解いておられます。それも受け渡し技術だけでなくバトンから微細の速力を付与されている、と仰る。日本選手はバトンを握ると体幹の使い方が一変するのです。バトンを握ると走るイメージが変わる。面白いですねえ。バトンを握ると手の感触から日本選手は和太鼓のバチを連想し、上から下へ打ち下ろす。この動きから丹田に力が集まり、両脚に走力となって流れるそうです。そりゃ太鼓を叩くといえばスティックで叩くウサイン・ボルトやジャスティン・ガトリンと和太鼓のイメージは違います。道具から伝わるイメージを切り替えることで潜在の力が呼び起こされる。武道とは熟々面白いと思った二年目の夏でした。

なお、松村氏の文章はリオ以前に発表されたもので、先見の明たるや見事。この本には甲野氏がゴルフのタイガー・ウッズのスウィングを見て、不自然と評されている一文あり。甲野氏がそのスウィングの美しさを褒めておられたのはベン・ホーガンのひとりだけ。

最強のプロゴルファーと絶賛されていた頃のタイガーに、腰に負担をかけていると古武道家はすでに後の不振を予見されておりまして、その炯眼たるや正に射るが如し、です。

　ゴミを拾う合気道の人から驚くことの効能、そして呼吸のコツから女房のトリセツ。「袴」の裾からリオの銀メダル、タイガー・ウッズの不振にまで話題は流れておりますが、テーマはひとつ。この「学び」をこれからの「老い」に対してどう使うかです。精神論ではなく、何とか「老い」を技術論で語れぬかと思い、思い続けています。

　例えば、「丹田」の活用法。古武道を身体術に応用なさる甲野氏はその「丹田」に力を集める術として、「印」を結べば自在に呼び出せると仰る。どうぞ、お試しあれ。その「印」とは……両手の薬指を鉤《かぎ》に引っ掛け、からませ左右に引くのです。すると在《あ》り在《あ》りとあなたの腹に「丹田」が立ち起ります。今更、「丹田」を知ったところで百メートルを疾走することも、誰かと「丹田」を使い、取っ組み合うこともないと仰る同輩諸兄諸姉に申し上げる。この古武道の技を「老い」に差し向ける。

　そう、この術を排便に応用するのです。

　高齢者の便は加齢とともに硬くなりがち。出口まで降りて来ているのに岩の如きものが塞いで難渋なんて朝に、この「丹田」を使うのです。前屈みで力むと頭に血が上り、鬱血に倒れる事故もあり……ならばこの硬便《かたべん》に合気しましょう。前述の「印」を結んで左右に引いて下さい。「丹田」があなたの排便に加勢してくれます。

それでも硬便が抵抗するなら、左右どちらかの手首を握って、そこで背伸び、しっかりと万歳して下さい……「丹田」はすべて真下に「力」を集め、コルクの栓を引き抜くが如く、必ずや、出ます。

さてさて、武道修業の備忘録ノート、「誤解力養成講座」は続いておりまして、今回は「ゴミ拾い」から「排便」までの連続技でした。合気道をめぐる物思いです。身に迫る「老い」を何とか「技」に出来ぬかと人生最後の修業に励んでおります。ここまでが二年目です。

極意をめざして

三年目の合気道修業中、帯の色は「白」から「黒」へと昇段。しかし、腕が上がった自覚はさっぱり無し。いくつかの基本技がなぞれるようになっただけで、若さあふれる白帯君を相手にすると、「チョット、タンマ」とお願いして息を整えねば稽古が続きません。合気道の身体の動かし方は柔道とも拳法（昔、映画のために北派《ほっぱ》蟷螂拳《とうろうけん》なるカンフーを習っておりましたが）とも違います。これほど力《りき》みを嫌う武道は他にないでしょう。肩の力み、腕の力み、心の力みを「それではぶつかる」と禁《いさ》めて「流せ」と指導されます。「流せ」とは力まず、技を決めず、相手を投げず、兎に角、技で使用する運動量の総てを相手から引き出す身体運用を理想とします。受け身ひとつ取り上げても全く違います。柔道の受け身は投げられて畳に飛び込む時、頭を中心点に、全身で楕円を描きます。これが合気道では技が決まる直前、その場で頭を中心にして、全身で真円を描いて受け身をとると指導されます。

　楕円と真円の相違ですが、恐怖感がちがいます。楕円は肩口から袈裟に身体を回転させますが真円となると、顎を引いて背骨を丸めて真っすぐに回転します。この時、後頭部と背骨を強打するのでは、と不安になるのです。不安は実に頑固で、回転を歪ませ、したたかに腰を打ちます。この楕円と真円の差を初めは様式美の違いかと片付けておりましたが、三年目のその辺りでやっと気付きました。

　合気道の受け身は場所をとりません。柔道なら投げられたそこから一畳先に身を延べるところが、合気道は技を決められたその場で身を丸めます。殆ど技を決めた相手の足元です。この差異は週末で道場が混雑している時に気付きました。

　どんなに混んでいても高段者の先輩らはその狭さの中で、惚れ惚れするような真円を描いて受け身をとっています。人混みの中で、横の組にも激突することなく、全身で畳を打つ音を天井に響かせています。

　あの釣り上げた鯛が船床を全身でたたく音に似たパーンと乾いた音です。合気道は投げられても、投げ捨てられぬように……つまり、床や壁に叩きつけられぬように負けの体勢を制御《コントロール》するのです。敗北を制御する……どうするか。相手の「取り」が腕を逆にとる。

このままでは折られる。その「取り」の技が決まる直前、「受け」は一瞬、早目に負ける。受け身で飛び、宙で回転して負けを先取りする。

先に負けることで、折られる筈の腕を守るのである。その一瞬、早目に敗北することで、相手より一瞬早目に立ち直るのが「受け」のめざす極意です。何という「間《あわい》」に極意を置いた武道か、合気道は。

で、その遥かな極意をめざして、その受け身をゴロゴロとくり返しているのですが、上達しません。難しいものです。で、これは同好者の話。

働き盛りの篠《しの》さんは種苗屋さんの経営者。私より遅れて入門し、腕前は私をとっくに抜いた人ですが、この飛び受け身だけが苦手。時折、ふたり居残りで受け身を特訓している時のこの人の溜息が「俺たち、音悪いねえ、熟した柿が地面に落ちる音だね。パーンじゃなくてグシャだ」と半ベソの吐息。で、柿ふたつならんで、落ち続けております、今も。

で、その秋のこと。夕暮れの稽古の途中、手を鳴らし稽古を止めて、道場生に管長が諭します。「相手から取られた、と思わない。取らせた、と思う。そうすれば身体のどこかが動きます」。

こういう合気道的言葉使いというのがだんだんと面白くなっていました。

主客を、あるいは攻守を、先手後手を合気道は逆さに考えてみろと教えます。ちょっと物騒な設定ですが、刃物の切っ先を向けて、「受け」が刺して来る……そういう危機の想定。勿論刃物は木刀です。腰に刃物を構えて、摺《す》り足で「受け」が腹の真ん中を刺しに来た。管長はその状況を「刺される、と考えず、刺させる、と思う」。それだけで身の動かし方は質が変わる。切っ先から逃げるのではなく、刺そうとする、そのものを躱《かわ》す。身を反るのではなく、一歩踏み出し、その足を軸に回転すれば切っ先を遣り過ごし、「受け」を躱せる。

管長はいいます。「刃物を持てば、動きは刃物に縛られます。その動きは突くか、斬るかしかない。縛られぬためにサムライは滅多に刀を抜かない」。

では、刀を抜かねばサムライはどう身を守るか。ここで、また誤解力で、合気道は、ならばいっそ大刀を抜いたつもりで動けといいます。敵と闘うのは幻の剣を握った〈オマエ〉。素手ではない。幻の剣を持つ。故にその動きは剣と矛盾してはならない。〈オマエ〉は脅えず力まず舞うように幻の剣を操る。

試されているのは、相手を殺傷する力ではない。自分をどう誤解させるか。妄想では刺される。正しく誤解すること。誤解さえすれば、身体のどこかが必ず動く。誤解さえすれば、身体を縛ることがない。

そうそう、その道具を持たない方が持った者より美しく動ける、そんなことといくらでもあります。合気道はどうやら、その「幻の剣」を様々な想定で動かし、意識ではなく無意識にその動きを刷り込む武道のようです。

で、内田樹師の著作に武具（たとえば剣）と人との関係を的確に言い当てた名文あり。抜き出します。『私の身体は頭がいい』（新曜社）。

〈武具は、それを「使おう」とすると、それに「使われ」、それを「操ろう」とすると、それに「操られ」、結果的に道具が主、人間が従になるように構造化された「謎」なのである。

これが「謎」であるということを理解せず、単なる「道具」だと思って稽古する人は、必ず「道具の道具」になる。道具を使う代わりに、道具に使われるようになる。〉

内田樹師のこの指摘は次々と思い当たることを憶い出させる。

私をさんざ苦しめた道具にゴルフ道具がある。たとえ遊びであってもゴルフというゲームは激しく自己を毀損《きそん》する遊びです。飛距離をかせぐためにドライバーという道具がありますが、もう、付き合いは三十年以上、未だに言う事を聞いてくれません。左のフェアウェイをめがけて打って右の林へ消えてゆく白球を見送りつつ、「嘘、嘘！」と己をなじること幾度《いくたび》か。また、わずか三十センチほどのパットを外した御老人。実は日本経済界の重鎮という立場の方でしたが、その瞬間、「死ね、オイボレ！」と己を罵る場に立ち会った事あり。

ゴルフゲームとはまさしく自傷のゲーム。ゴルフクラブとはそれを操る者を深々と傷付ける道具です。還暦あたりでゆっくりコースに背を向けました。

で、次に手を出した遊びがフライフィッシング。

山辺の渓流に立ち、竿を振って、疑似餌で魚を騙して釣るというフライフィッシング。遠目に、光はじける早瀬に立ち、水音に竿振る音を消して、じっと動かぬ人影は優雅に見えたのです。

ですが、これもまた操る道具の何という難しさ。

フライロッド（釣竿）のリール（巻取器）から、ラインを飛ばし、その先に結んだリーダーという糸、さらにその先に魚の目にも見えぬティペットという極細の糸を繋いで、その先に水生昆虫を模したフライを括り付けるという手間。これほど複雑な一本の糸を前後に竿で振って操るのです。まあ……後ろへ振って木に絡ませ、前へ投げて岩に引っ掛け、優雅どころか竿を置いて、ひとり糸先のフライさがしに右往左往。まことに「道具の道具」になる情けない有様です。

それが木刀であれ、ゴルフクラブであれ、あるいは釣竿であれ修業において、遊びにおいて道具を手にする覚悟を内田師はこう指摘しています。尚、括弧は文意を判り易くするため私が書き加えました。以下。

〈私たちはある種の節度をもって道具に向かうことを強いられる。

これ（この道具）はいったいどのような心構え、身体操作を要求するものなのか、何を理解させようとする「謎」なのか。そう問い続けなければならない。

（前略）「分かった」というような人間の賢《さか》しらを武具（道具）は許さない。（中略）道具の与える「謎」から無限の武術的知見を引き出すことができる。

「謎」への問いかけには、おそらく終わりがない。〉

いささか武張った文章ですが、何やら思い当たること次々と湧いてきます。合気道において、手にもつ武具はない。ただし「幻の剣」を持っていると仮定しその「幻の剣」に身体操作を委ねるのです。その「幻の剣」の威力を教えてくれるのが「受け」の身体で、「受け」と「取り」の技のやり取りで合気道は「幻の剣」の謎を両者に問い続けるのです。

そこに存在しない「幻の剣」を確認するために絶対に必要なのが「敵の身体」で、謎を解くためには「敵」としっかり「合気せよ」と管長は言います。合気道とはその「幻の剣」を存在させるための武道なのでしょう。

さて、そんな「極意」が何の役に立つか。実は「老い」という人生の難関のためにもこの「合気」の「極意」は必修のようです。

では身辺の出来事で語ります。特定の誰か、ではありません。

あのう、こんなことありませんか。若き日、共に働いた友がいた。そして何十年かぶりにその旧友と再会。すると友は見事な老人と化している。無論、二十代から時は過ぎ、初老での再会ですからお互いに齢を重ねているのは当然です。

でも、その老人ぶりが、あまりにも過剰で、「絵」になりすぎている友の姿です。

洒落たソフトに同色のベストと靴。やや大きめのジャケットの裾を風に揺らして……で、その横には大正ロマンを気取ったようなモガの奥方を連れておられる。スタイリッシュではありますが、ごてごてと「老い」を着飾っておられる。

まるで骨董品にワビサビを吹き付けたようなふたりの有様です。

無闇に二人三脚ぶりを吹聴する白髪の旧友とその横にでんと、葡萄色の髪を盛り上げた女房が「老い」を謳歌する如く微笑しておられる。

嘘だろう。「老い」とはそんな容易《たやす》い相手ではない。そう、思う。

「老い」を克服するために女房の演出に従い、却《かえ》って乗っ取られ、女房の道具と化しているのだ。

彼は女房をパートナーと呼び、折合い、二人三脚の「老い」を演じている。彼は女房を道具として使いこなしている、と信じている。

違う。違うと思う。女房を決して道具となめてはいけない。「剣」を所持する心構えを内田師はこう言い置いている。

〈おそらく、古来の「妖刀」や「魔剣」といった伝承は、術技気構えの及ばないものがなまじな道具を手にすると、「道具の道具」になって身を滅ぼすことになるという訓戒が込められているのである。〉

と、そう師は言う。だから、女房もまた「幻の剣」です。

その彼女に対して、「分かった」などと油断せず節度をもって「謎」として向かい合うべきです。

「道具の道具」にならぬためには、女房を「剣」と思い、「老い」と合気せねばなりません。そんなことを思いつつ、三年目の秋を修業しておりました。なんか少し、深く物事を考えられるようになりました。これは頭ではなく、身体で考えたことで、きっとこのずうっと先にある「極意をめざして」、その秋を過ぎました。

年老いた男　I

J・D・サリンジャーは米国の作家。

性格は狷介《けんかい》にして、孤高を好む人。『ライ麦畑でつかまえて』と題する青春小説で米国文学史上に不滅の金字塔を打ち立てても、作品発表後の一九五三年頃から世捨て人となり、以後、世間と没交渉《ぼっこうしょう》に。二〇一〇年に九十一歳の老人となった姿でその「死」が確認された。但し、作品の『ライ麦畑でつかまえて』はそのまま青春に留まり、全世界で六千万部を売り尽くし、今も毎年数十万部の単位で読者を獲得し続けているという。人生の五十年間を隠れ続けた奇矯な生涯は謎多く、そうと知れば如何な人物か気になる。で、伝記的映画がレンタルDVD店の棚にならんでいた。

死後、十年ばかり経った頃のことで、邦題は「ライ麦畑の反逆児」で副題が「ひとりぼっちのサリンジャー」。今の時代に、空も飛ばなければ、ニューヨークのビルひとつ壊さない主人公というのは新作の棚にこの一本のみ。映画公開からレンタルショップの棚に並ぶまでが早いので、ヒットとはいかなかったのでしょうが、良心的作品のようで、視聴。で、このサリンジャー伝記映画の中で印象的なシーンが以下でした。

大学で小説家をめざし文学を学ぶサリンジャー。反抗的で、皮肉屋の若きサリンジャーだが、ある教授の授業はチャーミングらしく鼻先で教授のジョークを嗤いつつも、瞳は彼の言葉を深く追っているシーン。で、教授は講《かた》る。

「世の中で、物語りほど偉大なものはない。聖書、聖典、そして神話。すべて物語りである」

サリンジャーの才能に気付き、教授はサリンジャーひとりを睨むように講義を続けます。

「その物語りを自分の声で書け。出来事を自分の声で書き、唯一無二の物語りにせよ」

そしてホンモノの作家になる極意を教授は小説家志望のサリンジャーに授けます。

「作品が出来上がったら、自分の声で物語りを朗読せよ。下手クソな声で朗読して、それでも魅力的ならそれは素晴しい作品だ」

そして教授は講義室に響く声で知恵深き言葉を学生たち、特に才能に溢れたサリンジャーに言い置くのです。で、教授言わく、

「朗読の声は物語りを圧倒してはならない。圧倒するとエゴになる」

いいセリフ、並べています、この作品は。高尚な文学論を教授の授業というシーンにして、サリンジャーの文学、その真髄を語らせています。サリンジャーは教授の声に従い、自らの日常を自らの声で物語りにしてゆくことに気付くのです。

私、このシーン、気に入りました。いいシーン、いいセリフです。

「自分の出来事を自分の声で書き、物語りにせよ。そして朗読せよ」

「下手クソな朗読でいい」

何故下手クソでいいのか。上手な朗読は物語りの出来・不出来を隠してしまうから。多分、教授はそういう意味で言ったのでしょう、確かに名優の朗読ならば子供の詩でも神からの箴言のように聞こえてしまうかもしれません。

で、サリンジャーは処女作「The Young Folks（若者たち）」を書き上げて全米に注目されます。これが戦後の傑作『ライ麦畑でつかまえて』へ繋がってゆくのですが、一九五〇年代のアメリカでそれは新しい青春像の誕生でした。恐らく、革新的な青春像の主張だったのでしょうね。物語りの主人公ホールデン十六歳は戦後アメリカの反抗的若者の雛形《ひながた》になり、同世代に絶賛され支持されます。奇しくも、五〇年代に、ジェームス・ディーンがスターダムへ。

もしこの『ライ麦畑でつかまえて』が映画化されるとしたら、主人公ホールデンは間違いなく「彼」だったでしょう。サリンジャーのこの作品はその後もアメリカの青春の原型になっていった、そう思うのです。

六〇年代前半、サリンジャーの雛形から生まれた若者のひとりが、ボブ・ディラン。そう思います。彼は勿論、フォークシンガーですが彼こそ正に「自分の出来事を自分の声で書き、朗読して歌い続ける」ライ麦畑のキャッチャーのひとりでしょう。

そのボブ・ディランを七〇年代、淵源として日本に立ち起ったムーブメントが「フォークソング」ブームでした。自分の出来事を自分で綴り、自分の声で歌う歌声運動でした。福岡・博多の街の私も大学生でそのムーブメントに乗せられて、「反戦」や「ラブ＆ピース」を下手な歌声で歌っておりました。

その一九七〇年、夏。隣町の広島フォーク村なる集団から自主制作版のＬＰレコードを同好の誼《よし》みで買い取ってくれないかとの依頼あり。どの程度の腕前か、と多少上から目線でその盤を試聴して驚愕唖然。ＬＰ盤に針をおいて、流れて来た一曲目こそ「イメージの詩」。その唄を作り、歌っている学生こそ、広島商科大四年生、吉田拓郎。

ディランを彷彿とさせる低く重い歌声。そして彼の詞の何という哲学的なこと。アマチュアの域を遥かに超えた才能でした。

何から何まで吉田拓郎は異質でした。その自主盤でもう一曲、彼のソロがあります。「マークⅡ」というラブソングです。ある意味、他愛もないラブソングで、こう始まります。作詞作曲・歌唱は勿論、吉田拓郎。

さよならが言えないで　どこまでも歩いたね／街あかりさえ消えて　足音が淋しいよ
わかってくれる　ただ一人の君を　はなしたくないのに／冷たいこの世界

実に月並な言葉の並べ方で、このワンコーラスの詞の出来は「凡」です。しかし、ベタなラブソングを低く重く歌った吉田拓郎は締め括りのハーフに異様な情景を置きます。それが――

年老いた男が川面を見つめて／時の流れを知る日が来るだろうか

わずか二分四十五秒のラブソング。その短さの中で、吉田拓郎なる若い詞人は幼い恋をしている現在の自分を老いてしまった未来の自分が見つめているという文学の手法で歌っていました。未来完了形で恋を歌っているのです。これは驚くべき才能です。前例の作品がありません。

アマチュアにしてこれほどの才能です。この若者・吉田拓郎はわずか数年後、「フォークソング」のムーブメントの渦中に立つ人となります。日本の歌謡界のトップグループに躍り出て、J-ポップを牽引する最初の才能となります。七〇年代初め、彼は異質で、唯一無二でした。

御本人が聞いたら激しく否定なさるでしょうが、私は吉田拓郎というシンガーソングライターはこのJ・D・サリンジャーの『ライ麦畑でつかまえて』に繋がる人だと思うのです。

ここからは全くの私見です。あまり興味のない方はどうぞ読み飛ばして下さい。すみません……書き始めたら止まらなくなりまして。直感に従い、我らが唄の時代を振り返ります。

どう、繋がるか。

J・D・サリンジャー、『ライ麦畑でつかまえて』は青春小説です。十六歳の主人公ホールデンはすべての大人たちに反抗する戦後アメリカの青春像。すさんで暗く、それでも繊細な横顔をしているのでしょう。その不良少年が愛すべき人物に初めて、自分の夢を話します。自分が憧れる理想の男の姿です。それが「ライ麦畑のキャッチャー」……広い広い畑、沢山の子どもたちが走り回って遊んでいる。でもそのライ麦畑の端はとても危険な崖。だから、とホールデンは夢を語るのです。

「ライ麦畑のつかまえ役《キャッチャー》、そういう者に僕はなりたい。崖に近付く子どもをつかまえて、安全な畑へ連れてゆく。麦畑の子どもたちを守るんだ。馬鹿げているけど……ほんとになりたいんだ」と。

幼く未熟でも実に真摯な、少年の未来への誓願《せいがん》です。しかし少年の願いとは逆に、旧世代はアメリカの若者に次々と戦争をもたらしました。世界大戦の後は、朝鮮戦争、ベトナム戦争……と、その少年の誓願を守り抜くために、サリンジャーは青年のまま姿を消したのでしょう。恐らく、青年であるために年老いてゆく自分を世間から消したのではないでしょうか。老いてゆく自分を隠す、とは凄まじい生き方です。この系譜に繋がる人がジェームス・ディーンやジョン・レノン、マイケル・ジャクソンで皆、夭折のヒーローです。更にボブ・ディランは生きて、反抗の物語りを自分の声で歌い、ノーベル文学賞を与えられましたが、全米のどこかに潜み、なかなか姿を現わしません。

アメリカにおいて、若き日の主張を守り抜くために老いた自分を世間から消すというのは生き方のひとつなのでしょうね。しかし日本はちがう。「老い」がちがうのです。

では、その系譜を継ぐ吉田拓郎、彼の詞に登場した「時の流れを知る」「年老いた男」はどうなったのか、何とその「年老いた男」はそのまま拓郎の唄声の中に棲み続けることになってゆく。隠れません。

ご本人はお気付きではないだろうが、この「年老いた男」はやがて七〇年代の歌謡のテーマとなり、藤圭子の「バカだな」に続くヒットフレーズとなるのだ。何故、日米では「老い」の扱いが決定的にちがうのか。

若きアメリカでは子らを守る麦畑のキャッチャーは少年の夢であった。

麦畑で遊ぶ子どもたちをつかまえて、危険のないように守る歩哨《ほしょう》の仕事などは少年の夢の中にしか存在しない。

だから、サリンジャーは老いてゆく自分を消して、青年のまま隠遁《いんとん》した。

ジェームス・ディーンは少年の瞳のまま夭折。で、ボブ・ディランはノーベル文学賞を与えられても、コンサートは行うがメディアに出ず老いた自分を人目に晒さない。それが少年の詩「風に吹かれて」を守ることになるのでしょう。

これほど少年と老人を対立させるアメリカ文化に対して日本は違う。吉田拓郎の「年老いた男」は一九七〇年代の歌謡の中に棲み、多くのヒット曲の中に潜むこととなる。

では吉田拓郎の「年老いた男」は何故、アメリカのように忌み嫌われなかったのか、簡単です。子どもを危険から守り、歩哨に立つ老人が現実にいるからだ。麦畑のキャッチャーは日本では実在する。日本の麦畑のキャッチャーは小学校近く、車の往来激しい横断歩道の手前に黄色い旗を持って立っておられる。

この国では、老人は少年と対立しない。老人は少年と繋がっている。日本にはその場を守るために歩哨に立つ老人を昔、こう呼んだ。「花守《はなもり》」。

『ライ麦畑でつかまえて』の原題『The Catcher in the Rye』は直訳で「ライ麦畑の守り番」で、何やらゴツゴツしているが大和言葉は同じ意味で美しい響きです。

で、吉田拓郎のアマチュア時代のラブソング「マークⅡ」の、その一行の一単語、「年老いた男」に何故こうも拘るのか。それはこの一単語が七〇年代のフォークソングムーブメントの本質を孕《はら》んでいたからです。

　我らが時代のフォークソングブームとは実は歌声運動でなく、文学の運動ではなかったかと振り返り、思うのです。拓郎氏が傾倒し、多大なる影響を受けた人物がボブ・ディランで、その人物が後年、ノーベル文学賞で称揚された事実がフォークソングの本質を明かしています。ならばと思いボブ・ディランを遡るうちに、J・D・サリンジャーに行き着いたわけです。日米で「老い」への思いは違います。

　で、ここから拓郎氏がその詞に持ち込んだ「年老いた男」の行方を追います。ここまで推論ですが、ここからも勝手な私見です。

年老いた男 Ⅱ

私の青春は一九七〇年代に在りました。その七〇年代の初め、私は福岡の教師志望の学生であり、三人組アマチュアバンド「海援隊」のボーカルに熱中していました。その七〇年代初めに全国を席巻したのがフォークソングというムーブメントです。福岡の街には、井上陽水氏やチューリップなどの才能溢れるアマチュア集団がおりましたが、彼らは腕を鳴らして天下に己の唄を響かせるべく東京をめざし旅立ちました。

私どももその人波に紛れるように、上京。フォークソングという小舟で歌謡界の激流を漕ぎ渡ってゆくわけです。それが七二年のことです。

いやはや、よくぞここまでと感慨ひとしおですが、我が事は横に置きます。それより、あの七〇年代初めのフォークソングを語ります。以下、私見で七〇年代の「唄」を語ります。この七〇年代の「唄」は吉田拓郎さんから始まります。彼は独特で、彼の詞は文学の香りがしました。

数年から数日前の恋人との出来事を歌うのが歌謡曲の恋唄の「時制」です。ところが彼は、その「時制」を遠い未来へと延長した。「マークⅡ」という歌唱で、若い恋をしている「僕」を年老いた「僕」が見つめるというほとんど文学の「時制」で歌ったのです。

ここからは私の歌謡史論なので、吉田拓郎さんの尊称を省略。彼を記号として七〇年代初めを振り返ります。

これがどれほど重大か御本人も気付いてはいなかったでしょう。

事実、「マークⅡ」は彼のヒット作品の中で、さほど重大な位置にはいません。

一九七二年（昭和四十七年）、拓郎は「結婚しようよ」から「旅の宿」で若い恋を歌うことで天下に歌声を響かせていました。その七二年の暮れ、拓郎が歌った、あの「年老いた男」が別の歌唱に現われた。ガロの「学生街の喫茶店」がヒットチャートを駆け昇り始めたのです。作詞は山上路夫で、こうです。

君とよくこの店に　来たものさ／訳もなくお茶を飲み　話したよ
学生でにぎやかな　この店の／片隅で聴いていた　ボブ・ディラン

あの時の歌は聴こえない／人の姿も変わったよ／時は流れた
（作詞・山上路夫／作曲・すぎやまこういち）

七二年とは若者が疲れ切った時代でした。六八年、佐世保港への原子力空母エンタープライズ入港が昭和の黒船来航と呼ばれて、学生運動は入港阻止で燃え上がりました。この頃の学生運動はベトナム戦争への反感もあって一種、攘夷運動の陽気さがあり、「反米」は若者の当然でした。

それが同年の新宿騒乱事件から六九年の東大闘争でさんざんに若者は打ち据えられ、機動隊の銀の盾に追われて逃げ惑う内に眼差しを暗くしてゆきました。そして七一年から七二年へ。連合赤軍の尖鋭と狂気が浅間山荘事件を引き起こし、若者の闘争は薄汚れたテロとなり、彼らが腰縄と手錠で引かれてゆく姿で、語り合った理想は微塵に砕けたのです。

正にあの頃の若者は「二十歳にしてすでに老いたり」の虚脱に包まれておりました。歌謡曲の最大の消費者である若者の唇に何としても「歌」を供給せねば、上客を大量に失う危機感がプロたちにあったかも知れない。兎に角、山上路夫というプロ詞人はその潮目を見切った。若者の敗北の惨めさ、虚脱、絶望、昏迷は「歌」にならない。どうするか、山上氏は現状をすっ飛ばした。そんな汚れた惨めなものは六〇年代演歌で使い古されている。

七〇年代の若者の象徴の一語を探したに違いない。そこに拓郎の「マークⅡ」の影響はなかったかも知れない。

しかし、山上氏は拓郎と同じものを世相から抽出した。

それが「年老いた男」である。歌の「時制」を文学にした。「物語」の手法です。山上氏の「詞」の主人公は「年老いた男」。ボブ・ディランの唄声は遠く学生街も変わり果ててそれらを懐かしく眺めている「年老いた男」がいる。「時は流れた」のである。「学生街の喫茶店」は未来を完了形で歌い、「老い」を先取りしたのである。

歌唱を担ったボーカルこと大野真澄君によれば、この大ヒット曲はレコーディング時、ほとんど期待されなかった、という。シングル曲での主力はA面の「美しすぎて」で、B面の「学生街の喫茶店」は何か面白いことでもやってみようという気楽な曲だったという。それがAとBをひっくり返す勢いでミリオンセラーのカーブをこの一曲は駆け昇ってゆくのであるから、上昇気流の風がそこにあったのでしょう。

この一語、「年老いた男」は七〇年代を解くキーワードとなってゆきます。

そこから正に拓郎の時代でした。彼もこの時代のキーワードに気付いたのでしょう。翌年、七三年に岡本おさみ氏と組み、名曲「落陽」を発表。

若き拓郎には「老い」のストックがなく、岡本氏から「老い」を借りたのです。ここに「年老いた男」が「マークⅡ」から移り棲みます。

しぼったばかりの夕陽の赤が／水平線からもれている
苫小牧発・仙台行きフェリー／あのじいさんときたら
わざわざ見送ってくれたよ
（作詞・岡本おさみ／作曲・吉田拓郎）

しかも、この「じいさん」は堅気ではありません。今で言えば「反社会的」というか世を拗ねた敗残の高齢者で、

女や酒よりサイコロ好きで／すってんてんのあのじいさん
あんたこそが正直者さ／この国ときたら／賭けるものなどないさ

と、きます。拓郎は「老い」を先取りし、青春の敗北の惨めさを懐かしむことで埋めてゆく。異様なことに彼はそのために「老い」を目指したのです。彼の歌唱は大きな渦でし

た。その翌年の七四年には「年老いた男」を演歌界へも転身させ、森進一の歌唱で「襟裳岬」に登場させます。詞はこうはじまります。

北の街ではもう　悲しみを暖炉で／燃やしはじめてるらしい

（作詞・岡本おさみ／作曲・吉田拓郎）

人生の「冬」の到来を季節に重ね、歌の中の主人公は「老い」を先取りし、そして青春の敗北を懐かしむのです。で、それは——

理由《わけ》のわからないことで悩んでいるうち／老いぼれてしまうから
黙りとおした歳月《としつき》を／ひろい集めて暖めあおう

この「老い」の先取りという手法は同時代のすべてのシンガーソングライターに影響を及ぼします。声質が拓郎とは対極の南こうせつも、名曲「神田川」で、

若かったあの頃　何も怖くなかった／ただ貴方のやさしさが　怖かった

（作詞・喜多条忠／作曲・南こうせつ）

と、「老い」を先取りして、愚かだった「若さ」を懐かしむのです。七〇年代前半の拓郎の「歌」の成功は、「歌」の時間的位置の「時制」を未来の、それも「老い」に置くことで、若者の「歌」を賦活させた画期的な出来事でした。老人の声で青年の心を歌う希有な才能はJ-ポップの時代を拓きました。

拓郎の「年老いた男」に続いたのが、恐らく小田和正氏でありましょう。

この人は少年の声で老人の心を歌う人であり、その風貌は老成。人柄は静謐《せいひつ》。でも、オフコースにしろ小田和正ソロにしろ、その歌詞はラブソングだという反論もあろう。ならば、その歌詞を再検しよう。「さよなら」を置く。出だしはこうだ。

もう　終わりだね　君が小さく見える
僕は思わず君を　抱きしめたくなる

（作詞／作曲・小田和正）

この静けさは若者の恋ではない。言葉の選び方が枯れている。老いた言葉の並べ方は老人のその「様」である。小田氏は「老い」を拓郎より更に深めた。

この人はほとんど末期《まつご》の眼で、恋を見て「唄」に仕立てます。「さよなら」のサビはまさしく「侘《わび》」を「寂《さび》」としてくり返す。それがこれです。

さよなら　さよなら　さよなら／もうすぐ外は白い冬
愛したのはたしかに君だけ／そのままの君だけ

この「さよなら」の連呼は末期を背にするからこそ少年の声の小田氏が歌唱する時、実に透明な柔らかな響きをにじませるのです。

小田氏もまた希少な声の持ち主です。くり返しますが、拓郎とは逆に少年の声で「老い」の様を歌います。もうひとつ、そのエビデンスを置きます。

小田氏にしては生々しいタイトルの恋唄で、「Yes-No」。

その詞から「老い」を抽出します。出だしはこうです。

今なんていったの？　他のこと考えて／君のことぼんやり見てた
好きなひとはいるの？／こたえたくないなら

きこえない　ふりをすればいい

（作詞／作曲・小田和正）

「好きなひとはいるの」の一行を引けば、残りの詞は、年老いた夫婦の会話です。次のコーラスも「老い」の様が歌われています。

ことばがもどかしくて／うまくいえないけれど

とか更にサビでは在り在りと「老い」の情景が恋唄に仕立て上げられています。こうです。

ああ時は音をたてずに／ふたりつつんで流れてゆく

ああ　そうだね　すこし寒いね／今日はありがとう／明日会えるね

まるで地域の寄り合いか、散会となった老人会で交される挨拶のようです。小田氏もまた希少な才。斯《か》くして、七〇年代初め、時代のキーワードは「年老いた男」であり、団塊の世代はあの時、青春にあって未来で待つ「老い」をめざしたのです。そう、私の青春が在った七〇年代をそう解いてみて、私はひとり合点しておりましたがしかし誰かの賛同も欲しくて、すぐ後ろの世代を生きて来た女房の前で、この文章のここまでを朗読してみました。J・D・サリンジャーの章で披露した言《ことば》に従い、「自分の出来事を自分の声で」読み上げてみたのです。

　ですが、女房の評は「強引に託《かこつ》け過ぎる」と厳しく、細かくは拓郎との呼び捨ては失礼で、小田さんの詞の解釈も老人に寄せ過ぎて、失礼と険悪の表情。で、反論しました。いいえ、負けやしません。

　拓郎さんや小田さんに失礼なのは、彼らこそが時代を解く「重力」であり、「引力」であるからで、このふたりこそ時代を回転させた即ち「軸力《じくりょく》」の人だからです。あるいは、木からリンゴが落ちる「引力」で考えてみましょう。リンゴが傷ついたとか土がついたとかの瑣末《さまつ》を捨てて「軸力」となったキーワードを追っているのです。で、そこから女房に語ったのが拓郎が見つけた「年老いた男」の行方です。この「老い」をめざして、七〇年代初めから中頃にデビューしたふたりの女性シンガーも「老い」を「軸力」にしてゆきます。荒井由実ことユーミンと中島みゆきです。先ずユーミン。

七四年リリースの「やさしさに包まれたなら」はこうです。

小さい頃は神さまがいて／不思議に夢をかなえてくれた
やさしい気持で目覚めた朝は／おとなになっても　奇蹟はおこるよ
（作詞／作曲・荒井由実）

もうお気付きでしょう。成熟した女性が少女の頃の自分を思い出し、懐かしむという構成で、主題に置くべき問題は現在完了形で「今」は過ぎています。

だから彼女の唄に嗚咽はなく、泣訴《きゅうそ》はありません。もう泣いていない「私」が、昔、泣いていた「私」を懐かしむという時制で、柔らかにあの日、あの時を歌うのです。彼女は小田氏の側の「軸力」の人です。一方、中島みゆきは拓郎の側にいて、時制を晩年において歌詞世界を築きます。中島が歌の時制にしたのは「年老いた女」の視点です。成熟のユーミンを通り越して中島の唄を歌っているのは「老婆」です。七五年、「アザミ嬢のララバイ」でデビューした彼女の詞は少女や娘たちが疲れ悩み、傷ついた時、忽然と現われた「老婆」が強く励ますというファンタジーです。「時代」「空と君のあいだに」「ファイト！」などは強烈な言葉で娘たちを鼓舞するのです。彼女の唄声は時にシンデレラの前に現われた魔法使いのおばあさんであり、時に金太郎を育てた山姥《やまんば》であり、時に水晶玉をのぞく流浪のばあさんへと変身。「糸」という傑作はその「老婆」が機織《はたおり》をしながら男女の出会いの不思議を説くようで——

　縦の糸はあなた　横の糸は私／織りなす布は　いつか誰かを
　暖めうるかもしれない
（作詞／作曲・中島みゆき）

と、実に「愛」という感情の神妙を称えて出色の歌唱です。

かくして、七〇年代初め、拓郎の唄から歩み出した「年老いた男」は小田和正氏、ユーミン、みゆき氏へと渡り、J-ポップの先頭集団を形成したのであります。彼ら先頭集団に引っ張られて我らのような第二、第三集団は七〇年代を走り抜けたのです。

私たちにとって、未来の「老い」から唄を作ることは時代からの要請でした。それは歌声運動であり、文学運動でもあったのでしょう。兎に角、我々は「老い」に憧れた。で、その七〇年代後半、プツリと「年老いた男」の姿が消えます。新しい「時制」を歌う世代が先頭集団に乱入したのです。一九七八年のこと。サザンオールスターズ、ヒットデビューソング「勝手にシンドバッド」で桑田佳祐氏が新しい「時制」を主張したのです。

桑田は戯《ざ》れた言葉使いで、歌謡界の作詞の巨匠である阿久悠の大ヒット作「勝手にしやがれ」と「渚のシンドバッド」をパロディーにして、恋唄を疾走します。

桑田の破壊力は抜群でした。彼は歌謡界の作詞メソッドを覆しました。作詞の言葉を意味でなく「音」で選ぶのです。「勝手にシンドバッド」を見ましょう。疾走感一杯に「ラララララララ」と「ラ」でスキャットしたボーカルは唐突に町外れの情景を走っています。中古の軽自動車でうねうねと続く海岸線の県道を素っ飛ばす感覚で、こう歌っています。

砂まじりの茅ヶ崎　人も波も消えて／夏の日の思い出は
ちょいと瞳の中に消えたほどに

（作詞／作曲・桑田佳祐）

これほどの量の言葉を使いながら、何の「唄」か判らない。でも桑田の詞はそれを良しとして、「音」で聴く者を巻き込んでゆくのです。以下、言葉の羅列が続きます。四行とばして、その先。

さっきまで俺ひとり／あんた思い出してた時
シャイなハートにルージュの色が／ただ浮かぶ
好きにならずにいられない／お目にかかれて

ひたすら並べられた言葉。カタカナ日本語からR&Bの名曲タイトル、古き挨拶言葉まで連ねて、ぼんやり主題は切ない恋らしい。桑田にとって、詞の意味などはどうでもいいのです。彼の凄みはバラバラにした音から聴き手自身が意味を取り出すことを作詞にしたことです。拓郎を凌駕し画期的手法を引っ提げての登場でした。お判りですか、彼の手法。言葉の意味を否定し、音にまで分解、聴き手こそがその音から意味を新しく構築してゆくプロセスが彼にとって、J-ポップなのです。視力検査で読み上げるひらがな・カタカナがいつの間にか、意味のある「文」になり、「モ・ウ・イ・ヤ」と読んでしまっていて、検査の眼科医が「もう少し」と思わず返事したような手法で、聴き手との応答を成立させたのです。「シャイ」「ハート」「ルージュ」の外国語の混じりと日本語の英語的発音もただただ「詞」を意味でなく、「音」に変換するための手法です。彼は斬新であり、異質の才能でした。
桑田はこれらの才能をもって拓郎の時制の据え方である「年老いた男」の未来完了形を否定。己の「唄」の時制を現在進行形へと切り換えたのです。若者の「唄」の時制が一九七八年の彼の登場により「現在」に戻ります。「今」です。兎に角、「今」なのです。そのキーワードフレーズがこれです。

今　何時？　そうねだいたいね
今　何時？　ちょっと待ってて
今　何時？　まだ早い

斯くして、J-ポップの時制は桑田氏が先頭に躍り出て、七〇年代は過ぎてゆきました。それから四十年の歳月が流れ、先頭集団の抜きつ抜かれつは今も続いています。そこからの興亡はまた別の機会に語るとして、第二、いや第三グループあたりをひたすら走って来た七〇年代フォークシンガーとして近頃、思うのです。一九七〇年代前半に青春を通り過ぎた者として、二〇二〇年代に到り、迎えた「老い」を嘆くまいと。嘆かず、呪わず、叱らず、泣かず、しっかりと「老い」を重ねて行かねばと思うのです。だって吉田拓郎氏の歌った「年老いた男」にやっとなれたのですから。私たちは青春の頃、そこをめざしてそしてここへ来たのです。今こそ歌わねばフォークソングを。だってやっと「老い」たのですから。五十年もかけて。

ここはめざした場所であり、歌うべき唄は「川面を見つめる年老いた男」の唄。そう、サッチモの「この素晴らしき世界」のような……そんな「唄」、なんとか作りたいのです。決して「老い」を嘆きたくないのです。

ウェノムとジャポニスム

言葉にも表と裏があります。表はともかく、裏が面白くてなりません。まあ、私の体質ですな。で、振り出しは韓国の裏の言葉。「日本人」という表の呼称に対して、裏に侮蔑語で「倭奴」があります。これで「ウェノム」と声にします。この音で礼儀知らずという侮りがこめられます。侮りの理由は「倭奴」が儒教の礼法を知らず、衣冠を正しく装う風俗さえないこと。こやつらは異俗であり、蕃人《ばんじん》であると彼らは二千年前からこの東夷《とうい》を嗤ってきたのでしょう。

この半島の地に、そのことを象徴する古画が残っていたそうです。

その古画が伝えている光景こそ、中国皇帝が百官をしたがえ、外蕃の使臣を謁見している図。その国際外交の舞台で朝鮮からの使臣は儒礼にかない、衣冠正しく中国皇帝の座近くに控えているそうですが、その座の中に一人だけフンドシ姿であぐらをかいている蛮人が「倭奴」だそうです。「倭」はそのように朝鮮に理解され、侮蔑語の響きで、呼ばれ続けました。

『街道をゆく 二』（朝日新聞社）で韓国を歩きつつ、その話を聞いた司馬遼太郎は思わず、相好をくずした。

「倭ということ」の章、その１８０頁です。

〈私はこの話をソウルの学者から聞いたとき、腹が痛くなるほど笑った。痛快といっては何だが、少なくとも痛烈で、

（なるほどそれが倭だ）

とおもった。〉

フンドシ姿の蛮人と嗤われて、何がそれほど愉快であったのか。

司馬先生の豊かな知識量が、二千年来の蔑称、「ウェノム」を柔らかに包むのです。まるで投げつけられた生玉子を割らずに素手で受け取るような芸当です。で、どう司馬先生は受けたか。

儒教の韓人には日本人が蛮人に見える。儒礼を知らぬ者は皆蛮人であるから、（その通り）と先生、仰る。なるほど古来より日本人はピンチになればなるほど諸肌《もろはだ》を脱いでみせ

た。鉄火場の大博打から修羅場の殴り込みまで、任侠映画の健さんは必ずそうでした。裸こそ倭人にとって決意のパフォーマンスであります。

更に恵まれない境遇から身を起こし、総理総裁までのぼりつめたような人物を我々の文化は「裸一貫から」と称讃する。もうひとつ、心の底から分かり合える仲を「裸の付き合い」という。氏神と共に豊作・豊漁を祝う収穫祭でさえ半裸で、「白い褌　ひきしめた裸若衆に雪が舞う」と北島三郎氏は「まつり」（作詞・なかにし礼／作曲・原譲二）で歌っておられる。天皇家の皇太子でさえ学校行事の遠泳の折は赤フンひとつになられるし、国技・相撲はその姿こそ正装なのである。

恐らく、我々はその始まりで、ワタツミの海人族の血を引いたのでしょう。これは我々の文化であります。正に我々は「倭」なのです。そして「諸肌を脱ぐ」とか「裸一貫」「裸の付き合い」は重大な意味をもち、断固たる決意や理解し合った関係の形容詞です。隣国でありながら、「韓」とはそこまで違う。それが東アジアのリアルであり、その差異を言い当てた「倭奴」という蔑称を司馬遼太郎先生は見事と絶賛されたのです。

時として、侮蔑で投げつけた呼称が事の本質を衝くことがあるようです。一七世紀、イギリスで教会改革を主張したプロテスタントの一団はその主張の潔癖から「ピューリタン」と揶揄されたそうです。今は「清教徒」と訳されていますが、その当時は「ぶりっ子」とか「恰好つけんな」とかの侮蔑語だったと聞きました。イギリス本国でのその仕打ちに耐えかねて、木造船を仕立てて彼らは新天地をめざします。そこがアメリカ合衆国に育つわけですから、蔑称とは時として、核分裂のような強烈なエネルギーを人に起こすこともあるようです。

一九世紀後半、フランス・パリで新しい芸術運動が「絵画」の世界で巻き起こります。若き画家が集まり、金を出し合い作品を持ち寄り、グループ展を開いたのです。いままでと全く違う「絵画」でした。審美眼をもつサロンの批評家は若き画家の作品をただのひと言で斬り捨てました。その批判が「印象を描いているだけである」。

以後、彼らは「印象派」と呼び捨てられました。

この「印象派」も侮蔑の呼称です。ところがそこから数年後、巨大なうねりとなって、現代絵画へ走る導火線になり、嗤っていた人々をサロンごと過去へ押し流すことになるのです。御存知の方ばかりでしょうが、パリに住む「印象派」の若者を突き動かし、駆り立てたのが「ジャポニスム」でした。

江戸末期、世界の果ての極東の島嶼《とうしょ》のジャポンから届いた不思議な絵、「浮世絵」に若者たちは魅了されたのです。

中でも「北斎」なる絵師の作品は彼らに衝撃でした。と、そこまでぐらいなら、中高生時代にサボった「美術」ですが、何となく後付けの知恵で知っています。でも、どうしても判らぬことがひとつ。

そのひとつがあまりにも当たり前過ぎて、尋ね難く、まあ、判ったふりをして「印象派」画家の作品展などを見物していました。

決して見栄を張ったわけではありません。「それは何故か」と尋ねると、座が引くという種類の質問があるじゃありませんか。思えば、小四の時でした。算数の授業のまとめで担任の先生に「質問がある人はいますか？」と促され、怖ず怖ずと手を挙げた私は質問をしたのです。「先生、分数の割り算は何故、ひっくり返して掛けるのですか」。散々例題をやって来た後に、振り出しに戻す質問でした。クラスは静まり返り、先生は唖然という表情、小さく教卓を手のひらで打ちながら静かに仰いました。

「いいから、ひっくり返して掛けなさい」

あの時、この世には他人に尋ねてはいけない質問があることを知りました。で、そのどうにも判らぬ「印象派」の謎を解いてくれるような美術展がやって来ました。国立西洋美術館で開かれた「北斎とジャポニスム」展。その秘密の「何故」を奥底に匿したまま、上野のそこへと出掛けました。同行は妻と娘でした。

妻はいつもの妻ですが、娘は大学で西洋美術史を学んでおりまして、案内させるには持って来いの身内です。

さて、その美術展のチケットの絵が葛飾北斎の「富嶽三十六景」とクロード・モネの「陽を浴びるポプラ並木」。北斎の方はこの島国の東海道、松並木の景色。馬方に引かれる馬の背に揺られる道中笠の旅人やらが前景にあり、松並木の彼方には雪をかぶった富士が見えるという浮世絵の風景です。で、モネは油彩で、春の陽射し豊かな郊外のポプラ並木の景色。天地を貫く「松」と「ポプラ」の比較によって、北斎の影響がモネに見られると解説の音声テープの声が教えてくれました。まあ、そう言われればそうで、以下同様の解説が続きました。腰に手をあてて、一息つく相撲取りのスケッチとぼんやり休んでいるパリの踊り子のパステル画。北斎漫画の力士とエドガー・ドガの踊り子は同じようなポーズで同様の解説。まあ、そう言われれば……そう、と言うしかなく……それしきのことを北斎の影響と呼んでいいのか、どうか。例えばファン・ゴッホなどは判り易く傑作「タンギー爺さん」なる油彩ではその爺さんの背後を、広重の浮世絵で埋め尽くしていますので好きだったのでしょう、ジャポニスムが。しかし、ベタな構図の北斎の「牡丹に蝶」が、ゴッホにあの「ひまわり」を描かせたとは……本当かいな……と、納得し難し。更に、南仏の景色を愛したセザンヌの「サント・ヴィクトワール山」の連作が北斎の「富嶽三十六景」を模したという解説も何やら強引で、ジャポニスムで括るのは無理とも思えるのです。

私のどうしても判らぬ謎とは、そこなんです。北斎、広重らの浮世絵の何に彼ら印象派は衝撃を受けて、「印象しか描いてない」と侮辱され、冷笑されてもジャポニスムを貫いたと言いますが、浮世絵のどこに感動したのか。

ジャポニスムとはそれほどのものか、例えば、「神奈川沖浪裏」。富嶽三十六景の中で、デフォルメで有名な浮世絵で、有り得ない大波が立ち上がり渦を巻いて崩れてゆく瞬間、その大波の裏に笹舟のような押送船（運搬船）がやっと浮かんでいて、豆粒のような船頭たちが居並んでいる光景。その大波が高々と振り上げた波頭の輪の彼方に富士がそびえている構図です。有り得ない大波ですが北斎にはそのように見えたということでしょう。その大波に影響を受けたということで、その比較展では印象派が残した押し寄せる「波」の絵が幾枚も展示されています。そりゃ画家なら「波」ぐらい描くでしょう。加山雄三さんも「波」なら何枚も描いておられます。画題としては有りがちで、北斎の影響と呼んでいいものやら。ジャポニスムの何に印象派の彼らは感動したのか。

　ドガ、ルドン、ゴーガン、ゴッホ、モネ、モローと並べ、ロダンからクリムトまで呼び出した「北斎とジャポニスム」展を歩いてみましたが、私の問いを解く手掛かりはどこにも落ちていませんでした。「わからん」の呟きを残して美術館を出ました。中々、人気の比較展でした。人の多さと目を凝らし、借りた音声解説機の声を聞きつつ横歩きしたせいか、館外、陽光の下へ出ると存外の疲労。

　目を瞬《しばた》きながら、広いテラスの喫茶店に座り込みました。上野の森の緑に目を休ませ、視力を回復させようと三人でティータイムにしたのです。

　その折、何気なく娘へ呟いてみたのです。「北斎は道を描いた。モネも道を描いた。広重は女を描いた。ルノアールも女を描いた。北斎が花を描いた。ゴッホも花を描いた。ただそれだけのことがジャポニスムの影響なのかな。一体、印象派の若者は浮世絵の何に感動したのだろう」。

　まあ、娘が話し相手という気安さがあり、呆れて嗤われてもいいという気楽さで、言い出せなかったジャポニスムの謎をポンと問うてみたのです。娘、森を見たままサラリと「それは北斎たちの浮世絵に意味がないからよ」と。今までに聞いたこともない仰天の説です。

そこから美術史の通説の大体を彼女は話してくれました。一九世紀、欧州の絵画には意味がなければならなかった。写真代わりの貴族の姿以外、絵の意味は指定されており、風景なら天国か地獄か、人物ならギリシャ神話の神々か、キリスト教のイエスかペテロかヨハネか。悪人はユダで悪女はサロメ。聖女はマリアで、衣服から手に持つ花まで意味というルールに沿って描くのが絵画であった。兎に角、絵画には意味がなければならなかった。神々の姿を借りて殉教・誠実・博愛・自尊・豊穣・妖艶の意味を描く。それが欧州の美術絵画であった。それが一九世紀末、画材等の改良により先ずアトリエから解放された。彼らはカンバスを抱えて街へ、あるいは野山へ出掛けた。アトリエに住み給う神々から解き放たれた彼らは、眩しい外光の下へ。しかしながら彼らは便利になった画材を肩にしていながら、外には描くべきものがなかった。そんな折も折、マルセイユあたりの港町で輸入品の茶箱が話題になり始めた。茶箱は極東の日本という開国したばかりの新興国からのもの。話題になったのはその茶箱に貼り付けられたレッテル代わりの浮世絵。そして茶葉を傷めないようにと茶箱にびっしり詰められた浮世絵だった。それは現代でいえば古新聞同然の捨てられた絵画だった。ところがその詰め物がパリの美術商に渡って、騒ぎとなった。

その構図のユニークさでその詰め物に値が付き、やがてカンバスや画材の木箱を抱えてさまよう若い画家たちがその絵に群がった。彼らは驚嘆すべき発見をする。

それら浮世絵には「神」がいない。北斎や広重、歌麿には「意味」がないのである。ただ波を描き、山を、そしてただ女を描いている。日差しの下のただの花を、旅人の歩く道を描いている。

ジャポニスムとの遭遇は彼らを狂喜乱舞させ、西洋絵画において新しい美術運動のうねりが起きた。野山や街角に立つ彼らには「神」から解放された、「意味」のない印象こそが新しい画題であった。

娘の解説で最新の近代美術史を聞き、長年解けなかった印象派の謎に嵌め込むと彼ら印象派の若者たちの驚きが解けたような気になりました。

モネは港町に茶箱にまぎれて辿り着いたジャポニスムを祝福するように「印象・日の出」を描き、セザンヌは北斎の「赤富士」をこっそりと見て、じっと窓外の「サント・ヴィクトワール山」を睨んでいたにちがいありません（りんごを描くことで名を馳せたこの画家は終生、ジャポニスムとの縁を否定し続けたそうです）。判り易いのは、ファン・ゴッホです。多分、広重の「大橋あたけの夕立」なんぞ見て感動したのでしょう。「アルルの跳ね橋」を描いています。広重の橋の上には夕立に追われて駆け出す江戸庶民がおり、ゴッホの橋の下には洗濯する女たちがいます。「神」から遠く、暮しに追われる人達のその生き生きとした姿がそこにあります。ゴッホはジャポニスムによって解放されたのでしょうね。

兎に角、手あたり次第、ジャポニスムで解釈し、「アルルの寝室」では小さな寝室を描いています。清楚でひんやりした気配と赤い毛布の掛かるベッドの部屋です。無人の部屋が画題になるという伸びやかさこそが彼にとってのジャポニスムだったのでしょうね。

やっと腑に落ちたジャポニスムでした。そこから更に物思い。

「意味」のない「意味」とは考えさせられる一語です。

日本とは正しくそのような国ではないか、と思ったりするのです。つまり、裏地は「倭奴《ウエノム》」であり、表地は「ジャポニスム」、その逆でも結構で、「倭奴」の野蛮と「ジャポニスム」の率直こそが表裏。それが我々の正体と思ったりするのです。「意味」を価値としない、あるいは「価値」を意味にしないところに美しさを見るのでしょう、私たちは。すみません、くどいですよね。でも野蛮と率直を併せ持つ民族など世界に希少で、隣国の侮蔑の呼称も遠国の尊称もどちらも私たちの正体でしょう。

で、追伸。新しい元号に改まり、言祝《ことほ》ぎに訪れた米国大統領への最上の返礼として日本国政府が案内した先が両国国技館、大相撲五月場所でした。

そうです、我ら「倭奴」は大相撲見物を最上のおもてなしとします。しかし、隣国の大統領はきっとこのもてなしに呆れ返っておられたでしょう。なにせ重大な賓客をもてなすのに裸形の男たちの格闘を見物させて嬉々としているわけで「倭奴」の無知は今も古画の通りと韓人は内心、舌打ちなさっておられるだろう。

外交は気を使うもの、「褌を締めて掛かろう」と呼び掛けても隣国には返事もしてもらえそうにないところが難しさ。でもこの難しさこそが日韓の面白さで、その褌の力士の姿に感動し、チュチュのバレリーナを描くことを画題にした印象派との差に「倭奴」の面白さがあると思うのです。

コロナの日々

まさか今年にこんなことが待っていようとは……。

その月の初め、「この日とこの日の仕事がキャンセルになりまして」と連絡あり。スケジュール表のその日を赤線引いて消しておりましたら、また連絡あり、キャンセルが続きます。そして、あれよあれよで、その赤線が月の終わりまで横一本に繫がってしまいました。

さあそこから緊急事態宣言。その日からすべての仕事が消えたとの連絡あり。机の脇の壁に貼っていた四月のスケジュール表を剝ぎ、壁はそこだけ白く、文字通り空白の日々を生きることとなりました。

新型コロナウイルス襲来による感染症のパンデミック（世界的大流行）で世界同時停止の惨状。ここまで生きて来て、時の止まった世界を目撃するのは初めてのこと。

その上にコロナ禍は進行中で今もケリが付いておりません。

首相、都知事、区長の呼び掛けに従い、自宅待機の日々を耐えねばならぬことと相成りました。

恐らくこのパンデミックはこの後、世界史年表に時代を分ける赤線を引かれ、以前と以後を区分する出来事になるでしょう。

で、何を書くか。

いえね、我が身の周りのささやかな見聞、体験など走り書きでメモしておこうかと……。

何故、そう思ったか。

人類史の長き感染症との闘いでは小さな体験の記憶が大いに医学に貢献したことがあるそうです。爺さんや婆さんの昔語りを特に俚諺《りげん》といいまして、「お前たちは知るまいが、昔から言われているのは……」と爺婆が語り出したら、一応耳だけは傾けておけ、と言います。

例えば、一八世紀末イギリスの片田舎、バークレー村でのことですが、こんなことがあったらしい……ですよ。

村役場の隣りのパブでのこと、村の人々が首都ロンドンで猖獗《しょうけつ》極める天然痘の惨状を語り合い、その厄災の接近に震えておりました。

天然痘ウイルスは致死率高く容赦なく可愛い盛りの子の命を奪います。やっと助かっても予後《よご》顔中に醜い痘痕《あばた》を残しイギリス国王まで我が子を守るのに苦慮しているとの噂を暗く話しておりました。

そこに割り込んだのが、鍛冶屋の爺さんで、スコッチ飲み下しながら「お前たちは知るまいが、昔から言われているのは……」と始まった。

耳、傾けると爺さん続けて「乳搾りの娘を、カカアにすれば、その子は決して天然痘にかからねえ。国王様も王子様、お姫様がそんなに心配なら、牛飼いの子のように育てりゃあ、いいんだ」と高笑い。

この話を酒場の隅で、じーーっと聞いておりましたのが、村医師のエドワード・ジェンナー。彼はこの爺さんの戯言《たわごと》を聞いて乳搾りの娘は乳牛から天然痘にかからぬ体質を得たと推察。彼は考えた、ならばその娘の体液を子に植えればと。娘の指先の水疱をつぶして、その仮説に挑むのです。俚諺を信じて我が子まで使って実験するのです。それが種痘という画期的感染症予防法で、人体に宿る免疫というシステムの発見につながりました。この種痘の苗は乳搾りの娘の指先の水疱でした。

後に「ワクチン」と名付けられましたがラテン語で「雌牛」という意味だそうです。人類で初めて、ウイルスと闘った医師・ジェンナー。この挿話はパンデミックの折、どんな些細なことも記憶せよ、と教えてくれているようで……。

俚諺で世間の隅に置いておけば、いつの日か、二一世紀のジェンナーの新しいワクチンのヒントになるやも知れず……走り書きながら、コロナの日々での見聞と体験を書き足します。

外出自粛、三密（密閉・密集・密接）回避が叫ばれる日々でも、まだ近所の公園での運動や散歩まで人の眼を気にすることがなかった春先のこと。

都立公園の咲き始めた桜並木の下を大学陸上部の長距離ランナーふたりがのどかに語り合って、走り抜けてゆきました。

「知ってる？」

「何を？」

「香港の動物園のパンダ、今、凄いんだって」

「何が？」

「サカリがついて、発情して昼間からやってるらしいよ、ホラ見物人来ないから、目離すとやってんだって」

「へえーいいよな、あいつら三密やりっ放しじゃん」

　コロナ禍の人間界以外、ウイルスに脅えのない動物界は何やら生き生きとした様子です。タイランドの海では珍しいジュゴンが堂々と群れ成し、三密を見せつけているとのこと。

　そして、異変は海洋から天空にまで及び、ある日帰宅すると驚嘆の表情の妻が教えてくれました。

「消えたって！　北極のオゾンホールが！」と。太陽の紫外線から地球を守っているオゾン層ですが、両極の成層圏、地上から数十キロの高みにあるこのオゾン層にポッカリと穴があき地球環境激変の要因と憂慮されておりました。その両極の穴が何とコロナ禍の春先から次第に縮小、北極では消えたそうです。

　人間が、特に都市の人間が感染症でうち萎えている時、地球も含めて他の生きもの、パンダの精子からジュゴンまで生き生きしていたこと記憶しておこう、と思いました。

「落ち込む」「低迷」「崩壊」の暗い見出しの続く新聞紙面にトンチンカンなほど明るい見

出しが躍っておりました。二〇二〇年の四月下旬のこと。その見出しが、「ウナギ登り・稚魚豊漁」「取れ過ぎて漁やめた」という。二十八日の夕刊だ。日本の太平洋側の河川へ、遥々《はるばる》とマリアナ海溝の深みからウナギの稚魚、シラスウナギが詰め掛けているという。理由は判らず、謎の豊漁で昨季は三百〜四百キロしか捕れなかったシラスがこの春、一トンを超えて二トンに迫る地域もある、という。

　間違いなくウナギは安くなりそう。でも、なぜだろう。

　落ち続ける日本の出生率もこの年からV字の回復ということがあるかも知れない。ホラ、自然界の原理に仮説ながら、シェルドレイク博士の形態共鳴説あり。形のよく似たものは共鳴し合うというから……。兎に角、禍転じて福となす、を探す日々。

「合気道」を学んでおります。ところが、この年のコロナ禍で接触が危険と叫ばれまして、相撲や柔道と並び我が武道も道場を閉じると連絡あり。四月、外でやることのすべてが禁じられました。

　緊急事態宣言も出されまして、閉門蟄居《へいもんちっきょ》の日々。テレビを点《つ》けると、朝な夕なにニュースキャスターは、家にいろと手を洗えと二ヶ月間くり返す。何やら見飽きて、道場恋しく書棚の本を読み返す。十年前の本ながら、内田樹氏『武道的思考』（ちくま文庫）。

その68頁にピタリ、メディア報道に寄せての内田師範のスキのない構えの一文あり。テレビ、あるいは新聞のメディアに対して、

〈いちばん問題が多いのが医療と教育に関する報道であると書いた。おそらくそれはこの二つの領域が本来「なまもの」を相手にしているからだと私は思う。

「なまもの」は定型になじまない。〉

テレビのコロナ報道、その送り手たち、あるいは医療関係者の助言が息苦しいのは「なまもの」としての人間に向かっての言葉がないからだろう。

我らは「なまもの」なのだ。

危機に際して、政治家の顔付きの厳しさこそが領導の標《しるべ》と語る人がコロナ報道のテレビ番組におられました。彼は下向きに手元の原稿を読む総理より、大きなマスクながら厳しく、油断を諌める女性首長を高く評価しておられました。

私はちがうと思う。コロナ禍の恐ろしさを日本中に知らしめたのは志村けんさんの「死」である。誰の注意喚起より彼の「死」がこの感染症を対岸の火事ではないと日本中

に教え諭した。かつて肥後の海にアマビエなる半人半魚の妖怪が出現し、疫病に苦しむ折は「私を描いて人々に見せよ」と疫病退散の方法を伝授してくれたらしい。令和のアマビエは志村さんだろう。

人気《ひとけ》なき湘南海岸の沖に、白塗りのバカ殿が出現し、浜に巨大な〝はなまる〟を描いて海に消えた……そんなコロナの去った後の伝説を待っている。

岡江久美子さんへも合掌。おふたりのご冥福を祈ります。

コロナ禍の春、また奇妙なことを、為政を担う方々が言い出した。ピタリと閉めた学校の校門、これを全国一斉に秋九月朔日《ついたち》に開こうではないか、と。私、政治向きのことサッパリ無知で、批判する頭も口もないが、「そんなバカな」と思った。しかし、為政者の方々がこれに次々と賛同、その上に新年度の始まりも九月にしようと言い出した。秋、九月を入学・始業の新年度にすれば、アメリカなどの国際社会と足並みを揃えることが出来るというのがその理由。

「これで日本もやっとグローバル・スタンダードの列に並ぶことが……」と満面の笑みの首長もおられた。

私、思わず、叫んだ、「欧米か！」。

止しましょう。

「グローバル・スタンダード」とは四文字熟語で「一帯一路」といいます。学校再開は準備の出来たところから。入学式ももっと色々で、都鄙《とひ》で違ってもいいでしょう。密集・密接・密閉がコロナを広めたように、何かを一勢に、一致して一心にやると又、コロナに付け込まれます。

NHK・BSにて「封鎖都市・武漢～76日間市民の記録～」なるドキュメントを見る。都市封鎖された武漢での人々の暮らしをインターネットに書き綴った日記で、よくぞここまで正直にと感じた次第。七十六日間に渡る北京の共産党中央によるロック・ダウンの苛酷さを郭晶さんという若いお嬢さんが毅然と報告されておりました。

そのひとつ。武漢市中心病院の若き医師、李文亮さんは新型コロナ肺炎発生に危機を感じ、感染症拡大の警鐘を鳴らすも、武漢公安の知るところとなり、世情煽動、デマゴーグとして訓戒の処分を受けて沈黙を強制される。その後、自らコロナ肺炎となり死亡。彼の評判はすぐにインターネットで広がり、中国の人々は涙と共に熱い支持を彼に捧げた。これに仰天した北京の共産党は武漢公安を罰して、急ぎ彼を「義人」と称えて葬儀を国葬ランクに格上げした。その夜のこと、郭さんは外出禁止の武漢の街々に鳴り響く笛の音を聞いている。それは古代の習慣に違いありません。

　恐ろしい虎が村に近付けぬように古代・アジアの人々は竹垣を巡らした。その竹垣を冬、烈風が吹き抜ける時、笛のように鳴った。人々はその音に虎落笛と名付けて、どうか村を守ってくれと祈ったという。この習俗は「もがり」と呼ばれ、卑弥呼の時代から日本にもある。呪霊にむかって、どうか私どもを守ってくれと祈る呪禁の竹笛です。封鎖都市、武漢の夜の闇に遠く近く響く竹笛の音は虎落笛に違いありません。その竹笛に耳を澄ますといつの間にか私、涙ぐんでおりました。

　ひたすらに「ステイホーム」と首相も首長もくり返す日々。

　先日、外出をめぐって家人と遣り合う。フラフラと出歩く私への不安がついに怒りとなり家人に詰め寄られる。感染症の煩わしさで、他人にうつし巻き込むことの鬱陶しさが新型コロナウイルスの腹の立つところ。

　メディア報道が苛々と休業要請に協力せぬパチンコ店を叱っている。

そこに朝から並ぶ客のひとりにマイクが向けられている。顔は映されないその人が覇気なく応じて、「何もやることがなくて、店開いてるとやっぱ来ちゃうよ……」と。それを受けてスタジオ解説者席の女性論客が激しく罵っておられる。大変な剣幕だ。みんな苛々している様子だ。

「何もやることがなくて……」と半端な言い方が、舌鋒鋭く論じ合うロゴス世界に生きられるこの論客には許し難いのでしょう。

しかしなまものの人間にはあるのですよ、何もやることのない不安というヤツが。福岡から熊本の県境一帯に、その不安を的確に言い当てた方言がある。しみじみとその地方の人は言います。「トゼンなか」。

人はなまもの。何もやることがなく、先を思えば不安になりアンニュイな気分に落ち込むこともあります。それをその地の人は「トゼンなか」と言います。

古い言葉でして、鎌倉時代の言葉がこの地に方言として生き残った一語です。で、やることがなくて、暇潰しに鎌倉時代のその人は雑記を綴ったそうで、これが「徒然草」。

なまもの、ですもの。生きていればありますよ、徒然《つれづれ》なるままの日々が。

いつも昼過ぎになると見るテレビ番組がある。

コロナ対策で事務所スタッフと語り合わねばならぬ事あり、数日、視聴出来なかった。

何日かぶりにその番組を点けると、コメンテーター席に巨大な写真が置いてある。「死んだか……」と思った。

その席は面白い落語家の指定席で、数日前まで元気だった。両手を合わせたら、写真が突然、現政権の批判をはじめた。写真は遺影ではなく、リモート出演というらしい。唾がかかると伝染する危惧かららしい。何か異様だ。

人間が人間をきたないと警戒すること。これが現代の感染症対策の根幹なのだろうが、元々我々はそれほど清潔なものではなかった。そう、私たち団塊の世代はきたなかった。

それでも平気で、元気でした。いくつもきたない思い出はあります。

若い方々は驚かないで下さい。

我ら団塊は昭和三十年代（一九五〇〜六〇年代）まだ東京の景色が「三丁目の夕日」だった頃、口に頬張った飴玉を地面に落としても、スリーカウント以内なら「セーフ！」と叫んで口に戻しておりました。

ただチューインガムだけは特に砂粒にまみれますので、指で拭いたり神社境内なら手水《ちょうず》舎でざっと砂を流して、口に戻しておりました。

黴菌《ばいきん》やウイルスは路地裏の暗がりや縁の下の闇に隠れている野良猫や野犬と同じ生きものでした。

商店街の脇、私鉄駅の裏に、十円食堂なる飲食店、作り置きの惣菜と白飯を喰わせる店がありました。六月から七月にかけて、この店で食事を摂ると必ず腹痛が走りました。

冷蔵庫などなかった時代です。ハエが集《たか》らぬよう網戸のケースに並べられた小皿の角煮・キンピラ・薄いハム・豆腐にポテトサラダの行列も夕方になると皆、怪し気な光と臭いを放っているのですが、それを承知で利用しておりました。腹痛が重症化するか、軽症ですむかは、正にあたるかあたらないかで運の問題。衛生の問題ではなかったのでしょう。兎に角、我ら団塊、黴菌、ウイルスと共に生きておりました。

ジェンナーの種痘以来、人体のもつ免疫システムの研究がはじまりましたがこの免疫というのが実に複雑。守るべき人体にも腸内細菌などの住人がおりますので、狙い違《たが》わず、そやつを捕えて成敗するのは至難なのです。ましてウイルスともなりますと、この細菌の五十分の一の大きさ。免疫は探し出すだけでも大変です。

そこで免疫のウイルス成敗の一手が高熱で蒸し殺すこと。高熱では守るべき人体の方も傷むのですが、忍び込んだ伊賀者を見付け出すためには城内に晃晃と篝火《かがりび》を焚くしかなく、これが発熱という症状。次に免疫が忍び込んだ黴菌、ウイルスに仕掛けるのが兵糧攻め。忍びの者を飢え死にに追い込むべく、人体に入って来る食糧を止めてしまいます。これが食欲不振や味覚障害という症状で、これらの病態は免疫の戦略なのです。

これに対して、小兵であるウイルスも人体に寄生するために必死です。

免疫が蒸し殺しと兵糧攻めに打って出る直前に人体を操ります。ウイルスが宿主を寂しい気分に落とし込むのだそうです。何やら理由もなく、寂しくなると宿主は不安になります。すると普段にない行動をとります。食欲もないのに買い溜めをしたり、人混みを歩き回ったりです。

あれは本人のせいではなくウイルスの反撃がそうさせているらしいです。ウイルスは本人を操り、はしゃがせて、たらふく飲み食いさせ、他にも飛び移るべき人体を求めて、宿主に食事会やパーティーをやらせるようです。

寂しさと不安はウイルスの戦術に違いありません。

またマスクをしていない人に過度に苛々したり、パチンコに通う人、通勤する人までもステイホーム違反者だと自粛を強制する人、それを捜して批判する人たちもウイルスに操られているのかも。

では、これらウイルスに、どう立ち向うか。

寂しくても、ひとりで遊べる人になること。

これがコロナの時代の最高のウイルス対策なのでしょう。

密集・密接・密閉にコロナウイルスが棲むのなら、我らもう一度ひとり野辺を走り回る子どものようにあるべきでしょう。

我ら団塊、よく野辺を走り回っておりました。

我らは土に塗《まみ》れ、泥に汚れ、恐るべき長さの鼻水を垂らし、雑菌、黴菌、ウイルスの田園地帯を駆け回っておりました。それははだしのゲンの如く素足のハイジのような野生の子らでありました。そんな昭和二十年代末の地方・福岡市近郊の宅地と商店街の町でありましたが、人の住む区画を離れれば、グルリと水田や田畑が広がっておりました。その田畑の畔道《あぜみち》こそ我等の遊び場で、私、まだ五つか六つの頃。

母の許しを得て、仔犬を飼えることになり、毎日、こやつを引き連れてその畦やら、畑の畝間《うねま》を遊び場にしておりました。

で、そこで出《で》会《くわ》して最も警戒したのが肥溜めでした。

我等より、後ろの若い世代の方は信じられないでしょうが、嘗ての田園には人間の排泄物を肥料にするため、畑の隅に溜め置く、巨大な壺が埋めてありました。誠に不潔極まりないものでしたが、当時は農業の風景。で、この野壺の表面があたりの土と馴染んで、見分けがつかないことがあり、時としてそれに嵌る子どもがおりました。

中々の危険物なのですが、戦後すぐの昭和とはワイルドな時代だったのでしょう、これが笑い話で済んでおりました。

それどころか、落ちて泣き叫ぶ子を水洗いしてくれた父か、母の言葉に凄い俚諺がありまして、言わく、「肥溜めに落ちた子は風邪をひかない」。

いえ、私はそこへ落ちたことはありません。ただ、あの仔犬が落ちまして、泳ぐ仔犬を救い出した時、こやつが全身の毛を逆立てて身震いしまして、そのしぶきを浴びたことがあります。

案外、この時の体験が免疫を作り、今度の流行性感冒から我が身を守ってくれているのでは、と思い出した次第です。

ジェンナーの故事に倣い、俚諺として書き置きました。何れにしても我等、団塊は「乳搾り娘」の子です。

今日、コンビニの棚に四枚のマスクが下がっておりました。

この棚にマスクを見たのは多分、三ヶ月ぶりか。

ぽっかりと穴の空いたような売り棚の吊るしの列がやっと塞がりましてもコロナ禍は後ろ姿になりません。

明日、東京都下に出されていた、緊急事態宣言が解除されるとのこと。何か、姿なきとても巨大なモノが時代を横切ってゆきます。

巣ごもりの退屈凌ぎに、ひとり遊びを続けています。

なわ飛びとけん玉、もうひとつがリップスティックボード。このボードは小学生用のスケートボードのようなもの。

但し、スケートボードが四輪で自立出来るのに対してこのリップスティックボードは二輪で自立が難しく、自走は一見、曲芸にみえるほどの不思議な動きを強いてきます。

ひとり遊びの道具として、古希を過ぎて始めるには三つとも苛酷な遊びです。ですが、苛酷な遊びとは人に何かを教えてくれます。コロナ禍の日々、合気道道場が開かぬ鬱憤を近くの公園で晴らしておりました。

すべり台やブランコのエリアを囲む手すりに縋り付き、リップスティックボードをくり返すうちに、ふと自走しておりました。何と五間（約十米）ばかりを前を向いて、ついに自走出来たのです。新しい身体の動きが出来た瞬間はうれしいものですね、生きものとして。

考えて動いた、という手順でなく、動いて考えたのです。

何か、新しいテーマがキラキラと胸の内で待っています。合気道、けん玉、リップスティックボードそしてコロナ禍の日々読み続けたJ・J・ギブソンのアフォーダンス理論がピタリひとつに重なります。これから、ピタリ重なったテーマを解いてゆこうと思い定めておりましたら、遥か蒼天の中空を数機のジェット戦闘機が飛び来たります。公園中の人が空を見上げています。医療関係者に感謝と敬意を示すために埼玉（入間）から飛来したブルーインパルスの飛行でした。「前を向く」そして「空を見上げる」。いいものだ、と思いました。決してコロナの日々を無駄にはせぬ、と思った午後でした。

で、アフォーダンス理論を読み耽《ふけ》る。何が面白いのか。

こんな一例です。赤ちゃんがハイハイしている。生後一年ばかりの赤ちゃんは「四足歩行」をくり返し、水平方向の探索で四肢を鍛えると、必ず垂直な壁にむかって手を伸ばす。そして這うための両手で垂直を摑もうとする。何故か判らない。しかし垂直の壁が彼を（あるいは彼女を）誘うのだ。そして何度かの失敗の後、ついに垂直を彼は捕える。彼はつかまり立ちして、水平移動から垂直に立ち上がった新世界を獲得する。二足歩行という新世界です。二足歩行をめざしていたのではない。壁が彼を誘ってつまりアフォードして、歩く人へ進化させると考えるのです。

こういう考え方、面白いですよねえ。壁はハザードではなく、進化のステップと考えるわけで。徒然に書き足してきた散文ですが、コロナ禍の日々、思い綴れば切りがありません。ここから、アフォーダンスのハイハイを試しながら動いて、考えたことの報告は次回の出会いでということで、筆を置きます。

本日、朝の散歩道に女子校の生徒たちの制服姿がありました。

学校も再開のようで、ガラになく一句。

制服を　白にそろえて　くちなしも

てつや

くどい「あとがき」として

　あまり美しくない国に生まれて来たらしい……そっとそう思いながら育って来ました。昭和も、戦後すぐの団塊と呼ばれる世代に生まれ福岡・博多という地方で育ちました。東京が真ん中で、地方はみんな日本の縁《へり》という時代でした。この二つの偶然がいつもいつも、ここではない、どこか遠くへゆきたいという渇望を私たちに強いてきたようです。

私たちは人口統計のピラミッドをそこだけ横に膨らませている世代です。

今は人口ピラミッドの首辺りにいます。何やらその図が日本を絞め上げる首枷《くびかせ》にも見えまして、下の世代からは「老人問題」と憂慮される世代におります。老いてゆくことが「問題」とされるわけですから、安らかな老後の身の置き場はこの国にはありません。

　人のあまり多くない、海の彼方のどこかを理想郷にして、焦れるのは我ら世代の宿痾《しゅくあ》です。

　で、団塊のひと粒である我が身を振り返れば物心ついた幼年の頃、もうそこにアメリカ国がありました。私の故郷、福岡市郊外には先の大戦でさんざ日本を打ちのめしたアメリカ進駐軍が有刺鉄線を回《めぐ》らし居住区を分捕《ぶんど》った「アメリカ合衆国」がありました。

有刺鉄線の向こうは緑の芝生の庭が広がり、白いテラスハウス、庭木の下にゆれるカウチ、脇のテーブルに飲み残しのコーラの瓶等々……そこは正に星条旗の国でした。

自転車を三十分ほど走らせると米空軍の前線基地・板付基地（現・福岡空港）があり、海峡を越えて朝鮮半島の動乱に「けり」をつけるべく戦闘機がいつも銀翼を光らせていました。

そんな基地の町ゆえか、少年期、生まれた国は情けない国であると諭す大人たちが沢山いました。

強い国はアメリカで、賢い国は欧州の国々、団結の国はソ連（現・ロシア）で……今も忘れませんが小学五年の時でした。全校児童（千人ばかりもいたでしょうか）、講堂に集められて見せられた長篇記録映画は、北朝鮮の体制賛歌のプロパガンダ映画で、重工業を指導する金日成の笑顔と韓服のお姉さんたちの微笑みにあふれた国威《こくい》発揚《はつよう》の総天然色映画。

その当時、北朝鮮は「地上の楽園」と謳われていました。

多分、洗脳などという陰謀めいたものではなく、カラーテレビを見たこともない貧しい家の子らに先生たちが色付きの画面を見せてやりたくて選んだ一本だったのでしょう。
その時代、私たちの生まれた国は北朝鮮と比べて、劣位にあると我ら団塊はそう教えられました。

少年期を過ぎ、思春期の中学生の頃、少しこの国の様子が変わりました。

アジアで初めてという「東京オリンピック」（一九六四）という興奮があり、風呂の湯を炭火で沸かすように、暮しに安堵の温もりが伝わって来たのです。

振り向けば、あれが高度経済成長のはじまりでしたが、その活況を醜いと渋る人が次々と現われました。

文化人、マスメディア、高学歴自慢の芸能人たちでした。

思春期も過ぎて青年期の入口で、偶然の読書体験から、私は日本史から「玉」の如くキラリ輝く人物を拾いました。十八歳の体験で、その人物こそが坂本龍馬。その人を教えてくれた物語こそ司馬遼太郎氏の『竜馬がゆく』。

その読書体験で私はどれほど救われたことか。「竜馬」を背負うことで私はやっと唯一無二を手にしたのです。

人口を膨らませている団塊世代にあって、みんなと違う「私」になれたわけで、人と見分けのつく自分を持てたことは実に幸運でした。

で、世相はと言うと、兎に角、自国をひたすら罵倒する侮日《ぶにち》こそが世界を知る者の当然でした。日本は歪《いびつ》な、奇態な国と教えられました。一九七〇年代——誠に事の多い青春でした。

その七〇年代初めのベストセラーで、高橋敷《おさむ》なる大学教授の著作『みにくい日本人』。ショックなタイトルです。更に大学のキャンパスで知った三島由紀夫の割腹自殺のニュース。あれほど高名できらびやかな人物がこの国に絶望して自決とは……その後には己の文学のテーマを「美しい日本の私」と筆でしたためてみせた白髪痩身の川端康成の自殺。ノーベル文学賞を貰ってもこの国は生きるに価しないのか。そう思うと、この国で生きねばならぬ団塊のひとかけらとして、暗澹《あんたん》たる思い……テレビ画面の速報から逃げるように離れたのを憶えています。

団塊の同世代の皆さん、仄暗く寒々とした青春でしたなあ。

大きい言葉を使いますが、「みにくい日本人」に生まれ、どう生きれば美しいのか、皆、切なく一度は思い詰めたあの頃でした。

ただひとつ、私の幸運は日本史で拾った「龍馬」でした。あの寒々とした時代に「龍馬」を懐に収めている事で、身体を冷さずにすみました。無論、その「龍馬」は司馬遼太郎氏の『竜馬がゆく』から借り受けたもので、史実は違うのでしょう。司馬遼太郎の歴史小説には多分に創作が差し挟まれていると糾弾する人がおられます。慇懃無《いんぎんぶ》礼《れい》にもすべての作品を「司馬史観」と呼び捨てる方もおられます。しかしこの人の作品からは熱が伝わって来るのです。司馬作品の、司馬さんの醸《かも》した文章は酒精分を含みます。そのことを実直に白状するところにこの作家の魅力、そして効能《ききめ》があります。そのあたり、書き出しに据えたテーマからそれて、『竜馬がゆく』に寄り道します。

　お気付きの方もおられるでしょうが、この歴史小説は「龍馬」ではありません。主人公は「竜馬」で描かれています。この作家は表題で既にこの人物を描くこの物語は酒精分を含むと読者に白状しています。即ち、事実の「龍馬」でなく、創作の「竜馬」であると宣言しておられる。では、どこが酒精分か。

『竜馬がゆく』（文藝春秋）回天篇、近江路の章、４４２頁。

　その慶応三年（一八六七）十一月、竜馬は越前福井、山町の旅館煙草屋の二階にいました。この福井城下に竜馬がその才に惚れた男がいました。希少・貴重な財務・経済の才覚を持つ三岡八郎（後の由利公正）で、「三八」と龍馬が愛称で呼んだ同志です。

「大政奉還」の政権返上を成し遂げた龍馬は喫緊の要事として、この三岡を財務の任に当てるべく招聘《しょうへい》します。

新政府立ち上げに三岡も胸中、火の如く燃える思いあり、ふたりは深夜まで来たるべき日本を語り合いました。

で、その別れ際に司馬氏はこんな挿話を足しています。それが……。

〈夜ふけていよいよ三岡が帰宅しようとしたとき、竜馬はひどく別れ難そうな様子をし、懐中から手紙のようなものをとり出した。

「なんだ」

三岡が手にとると、竜馬の写真であった。

「おれの写真さ。このさきどうなるかわからん。万一のときの形見だと思ってくれ」

と、竜馬はいった。〉

これは事実のようです。あの龍馬を写した有名な写真で、三岡は所持していたようです。だからそんな遣り取りがふたりにあって当然です。

その当然に巧みに創作を加えて文章に酒精分を司馬氏は醸すのです。それが写真を貰った三岡の言葉で、

〈「そうかね」
三岡はつぶやき、竜馬の顔をみた。竜馬はいつになくふかぶかと沁みとおるような微笑をその目もとに刻んでいた。三岡はふとめまいを覚え、なにやら別世界の人間と対座しているような、えたいの知れぬ感情に襲われた。〉

この場面をしめ括《くく》る四行の文章は創作でしょう。これぞ酒精分の香り高き名文です。クラリとします。この作家の作品中の酒精分のおかげで私ども団塊の世代はどれほど冷えた心を温められたか。この作家はほとんどひとりで日本史の傑作という人物を描き続けました。

その作品の膨大さが司馬遼太郎の白眉です。

この人なくば日本人は日本を誇ることを憚《はばか》り続けたでしょう。極東の島国にあって、それでも世界のどこへ出しても恥ずかしくない、そのような人物がこの国に昔、いたのだ。またそのような生き方も出来るのだ。青年期から壮年期になるまで、司馬作品を読了するたびに、やっとのことでこの国に生まれた疼きは和らぎました。

それでも考え続けました。一体に日本、日本人はどこまでが美しく、どこから醜くなったのだろう。そう思いながら、そこから年を重ねて、ずっとずっと考えています、今も。

司馬さんはその著述で、くり返し明治という国家を美しく称えられた。ユーラシア大陸の南北を支配する二つの帝国を打ち破った日清・日露の対外戦争。その大戦に耐えた日本人を特に「明治人」と格別な呼び方をなさった。俳人・中村草田男の「降る雪や明治は遠くなりにけり」の一句に、（これほどの感情をもって、私たちは昭和を振り返るだろうか）という意味の文章を読んだことがあります。明治という時代を高々と俯瞰した物語が『坂の上の雲』でその冒頭に、こんな文章がある。

〈この物語の主人公は、あるいはこの時代の小さな日本ということになるかもしれないが、ともかくもわれわれは三人の人物のあとを追わねばならない。〉

三人とは歌人正岡子規、そして陸海軍の軍人たる秋山好古《よしふる》、真之《さねゆき》兄弟。日清・日露戦争を語り出すその文章には「柝《き》」を打つような弾みがあります。

その司馬さんがそこから、戦前・戦中の「昭和」を語り出すと途端に暗くなる。太平洋戦争に突入し、原爆投下までの軍部の跳梁跋扈《ちょうりょうばっこ》を憎んで「鬼胎《きたい》」と造語で呼び捨てられた。

深い意味を解く頭が私にはありませんが、この二文字で戦前・戦中の「昭和」の気味の悪さは伝わってきます。

間違いなく日本は醜い国であったでしょう。で、戦後はどうか。戦後もまたあまり美しい国になれず、自国民からこれほど罵られた国は地上にそうありますまい。私は四十代の頃か、人気ニュース番組の人気キャスターが「日本は間違ってきた。戦後も戦前もいや西郷や大久保の頃から間違えて来たのです」と叱り、憮然とした表情で「ではコマーシャル」と言い捨てた場面を憶えています。でも司馬さんは戦後、日本については国際社会の中にあってこれほど失策の少ない民主国家はない、と密やかに主張なさる作家でした。そんなことを言う人はホント、昭和の世でこの人ぐらいでした。

多くの思想人、小説家の筆先は暗く、メディアもまた自虐の舌鋒《ぜっぽう》で日本に冷やかでした。そんな時代にひとり、司馬さんだけが彼らを相手にせずに忘れられた日本人を日本史の中から彫り起こされておられました。この人によって彫琢《ちょうたく》みごとな日本人が再評価され、ゆっくりながら確かに多くの読者を獲得してゆくのです。

司馬さんは将に白眉でした。この人の物語を織る手仕事の細やかさと濃やかさから「国民作家」と後に呼ばれることになります。

その作品が多くの国民に支持された意味なのでしょうが、私は国民を見つけた作家という意味に解しています。

それでも司馬さんも自分の青年期の、戦前から戦中の昭和を激しく嫌悪なさる。敗戦後すぐの戦火による焼け跡や廃墟と化した日本を見て、司馬青年は（なんて情けない国に生まれたのか）との慚愧《ざんき》に心身を震わせたのですから、青年期、私と同じ思いに居られたわけです。

で、その思いから、日本人はどこまでが美しく、どこから醜くなったのか、というテーマを物語の主題に据えられたのでしょう。

司馬さんは『坂の上の雲』でこう断じられた。

〈小さな。

といえば、明治初年の日本ほど小さな国はなかったであろう。産業といえば農業しかなく、人材といえば三百年の読書階級であった旧士族しかなかった。この小さな、世界の片田舎のような国が、はじめてヨーロッパ文明と血みどろの対決をしたのが、日露戦争である。

その対決に、辛うじて勝った。その勝った収穫を後世の日本人は食いちらしたことになるが、とにかくこの当時の日本人たちは精一杯の智恵と勇気と、そして幸運をすかさずつかんで操作する外交能力のかぎりをつくしてそこまで漕ぎつけた。〉

ここに「当時の日本人」と「後世の日本人」という断固とした使い分けがあります。日本人の美醜が分かれたのは時制である、とこの人は仰る。「当時」とは、明治のことであり、その後《のち》の「後世」とは戦前の昭和のことであろうから、その時制の移ろいは十五年ばかりのこと。その間に「軍部」上層部が暴走、参謀本部が庇ううちに日本を世界大戦に引き摺り込んだと断じられています。

私などは質の悪いボンクラ司馬遼太郎ファンですが、司馬さんが昭和の「軍部」を語る時の剣幕に凄みを感じます。二十歳の頃、学徒出陣で司馬さんは昭和の戦争に召集され、陸軍の戦車隊に配属。戦車手となり、後に小隊長となって戦線に立つという経歴をお持ちです。

その青春の日々で、陸軍の上官、あるいは司令部、その参謀たちへの感情は激しいものです。それらを語る時の文章は無念に充ちています。ひとりの兵士として「馬鹿」に使われたという無念が滲んでいるのです。戦場にあって、命令を下す者の出来・不出来は従う者には命を懸けた重大事です。その命令を下す者が、馬鹿であったことが実に腹立たしく、その無念から司馬さんは小説家として日本史を遡る決心をしたと仰っています。で、ここから更に寄り道、閑話休題。

この司馬さんの小さな挿話を芸能界の楽屋で拾ったことがあります。

数年前、テレビ局の楽屋でのこと。アンガールズ田中卓志君が足を止めて私に唐突に喋りかけて来ました。「うちのじいちゃん、司馬遼太郎の手紙、持ってます」。何のことやら田中君のじいちゃんと司馬さんが結びつかず、「ハッ?」と聞き直すと、彼、長い手足をバタつかせて事情を話してくれました。田中君のじいちゃんは戦時、陸軍の戦車隊に配属されていた一兵卒で、その部隊の小隊長が司馬さんでした。彼の語る挿話はその部隊の解散後のこと。故郷、広島の山里へ帰って百姓を始めた田中さんのところへ、かつての上官、司馬さんからの手紙。文面は敗惨のこの国の広島に仕事はあるか、定職につけたか、と案じる小隊長の優しき文字が並んでいたとのこと。地元・広島に働き口がなければ、大阪へ出て来い、との追伸もあり、国民作家となる遥か前のまだ二十代の頃の司馬さんではありましょうが、この一事を以てして、司馬さんが如何な小隊長であったか、察せられます。

司馬さんがこの後、美しきサムライとして小説に選んだ人物たちは、龍馬にしろ、河井継之助、西郷隆盛、高杉晋作、更に秋山好古・真之まで部下の身を案じる優しさにおいて、すべて同じ色の挿話をもつ男たちです。『燃えよ剣』で組織の引き締めのため冷酷と怖れられた土方歳三でさえ、事実上の自決の直前は溶けるような優しさを配下の若者にみせています。
サムライ、あるいは軍人の世評を計る時、気体同然の優しさのようなものも、その人物の体積として加算したのは司馬さんが初めてでした。司馬さんは英雄あるいは偉人たちの相場を変えました。

私どもが青春であった一九七〇年代、英雄たちの相場を変えた小説家は記憶の中で、司馬さんひとり。司馬さんが選んだ英雄たちは何故、鮮やかであったのかずうっと考えてきました。

そして二〇〇〇年代になってやっとの事です。

そんな風に日本と日本人をずうっと、深く考え続けている人をバッタリ見つけました。私、壮年の終わり頃。その人は神戸女学院という女子大でフランス哲学思想の教鞭を執る教授、内田樹氏でした。

再再、私の書き上げた文章に登場し、この方の著作の文章もお借りしていますので、紹介も必要ないでしょうが、彼を必死に読みました。

ただ読み重ねた内田氏の著作のご利益のおかげで長年の自問に自答することが出来るようになりました。その自問自答がここに収められた文章です。内田氏もまたこの国の人口を首枷のように膨らませている世代に属し、そして密かに、あまり美しくない国に生まれて来たらしい……とあたりを見回した青年でした。

『日本辺境論』（新潮新書）、その１１０頁です。

〈私たちは不安でしかたがない。日本人であることはどういうことなのか、私たちは確信を持っては言うことができないからです。「どういうふうにふるまうのが日本人らしいのだろうか」ときょろきょろあたりを見回して、「日本人の標準的なありよう」って何だろうと思量《しりょう》している。〉

　内田さんも司馬さんと同様、敗北から日本人を考え続ける人です。司馬さんは大東亜戦争でアメリカに惨敗した帝国陸軍兵士、内田さんも七〇年代の反米安保闘争で苦杯を嘗めた学生闘士でした。

　それぞれに敗者の無念を噛みしめつつ、タフに立ち上がったふたりですが、わずかながら立場を異にしています。

『日本辺境論』の中で内田氏は戦前・戦中をこう批判します。

〈よく日露戦争以降の日本の東アジアにおける行動を「軍部の暴走」と言いますけれど、私はそれは違うだろうと思います。参謀本部が「統帥権」を掲げて、（中略）したい放題

のことをしたという（中略）そんなことが可能であるはずがない。〉

これらの指摘はあきらかに司馬さんへの反論です。昭和、戦前の軍部暴走を許したのは日本と日本人そのものだという。で、なければあれほどの短期間でガラリ御国柄が軍国主義のひと色に染め代われる筈がない。

内田氏は世界の辺境である極東の島国である日本はいつも世界基準に追いつこうとする、その世界基準へのキャッチ・アップの杜撰《ずさん》が三百万人以上の死者を出す悲惨を起こしたという。

司馬さん、内田氏、両氏とも軽々に自説を立てて他説を批判なさる方ではありません。思量を尽くし、熟考を重ねての主張でしょう。

司馬さんは軍部に盗まれた日本を「鬼胎」という語で形容なさった。恐ろしい一語です。美しい娘を「鬼」が孕ませた、そんな異様な表現です。で、内田氏はその日本人をいつも「きょろきょろ」して「虎の威を借る狐」のような「辺境」の民であると指摘なさる。

両氏の差は司馬さんが世界に追い付くために急ぎ過ぎ、後天的な狂気の発作で日本は醜くなったと仰っている。一方、内田氏は先天的な「辺境人」の、それは風土病としての被害者妄想の醜さだと喝破なさった。

さてさて、苦しくなりました。こんな頭のいい二人から「鬼胎」だ、「辺境」だと殴られている「日本」はちょっと不憫《ふびん》です。

で、最初の問い、このあまり美しくもないこの国で私を励まし続けた「玉《ぎょく》」のような人物はもう出て来ないかと萎えた時、なんと『日本辺境論』にその「玉」を指し示した応答を見つけました。内田氏はその人物こそ「辺境」の宝珠《ほうじゅ》と指差していました。それが以下。

〈社会の根源的な変革が必要とされるとき、最初に登場するのはまだ誰も実現したことのないようなタイプの理想社会を今ここで実現しようとする強靭《きょうじん》な意志をもった人々です。（中略）しかし、日本史上には、そのような事例を見つけることはきわめて、ほとんど絶望的に困難です。幕末から後で、自分の言葉であるべき社会像を語り、それを現実に繋げ得たのは坂本竜馬の「船中八策」くらいでしょう。〉

近代日本の醜さを批判するふたりの賢者はその所以で対立しましたが、しかし美しく、骨のある日本を招来出来る人材の名はピタリ同一人物を名指ししたわけです。上記の文章、見つけた時は、指で押しながらひとり歓声をあげておりました。内田氏が「龍馬」でなく、「竜馬」と呼んでいるのが素敵です。

ホントに骨のないクネクネしたまとめで申し分けない。書き忘れたこと、思い付いては継ぎ足しながら書いています。長い追伸のなおなお書きを深謝。で、この「あとがき」、ここからやっとテーマです。

あまり美しい国ではない日本に生まれた私。思春期のその私の劣等感の疼きを癒してくれたのが、司馬作品『竜馬がゆく』。

どうあればこの国で少し増《ま》しな「男」になれるか、そう思いつつ壮年期で『日本辺境論』を読み進むうちに再会した「竜馬」です。

一体に何の所以で「竜馬」は、颯爽《さつそう》としているのでしょう。更に師である勝海舟はなんで凜乎《りんこ》としているのでしょう。太平洋戦争を指揮した海軍将校より長州の黒船の船首に立つ高杉晋作が、あるいは関東軍を率いた陸軍参謀より小隊を後ろへ従え、白馬に跨《また》がり先陣を切って硝煙の中に消えてゆく土方歳三は何で格好よく見えるのでしょう。時代の差や時代の遠さがそう見せているのではないようです。どう考えても学徒兵を戦場へ駆り出すため壇上で拳を揮う丸メガネの東条英機より、小屋同然の松下村塾で切々と若者に未来を説く吉田松陰の方が知的に見えるのは何故でしょう。明治維新を巻き起こし、日本国を創建したサムライたちと、昭和維新と叫んでその日本国を戦火で焼き尽した軍人たちと一体、何がちがうのでしょう。その二つの時代の間《はざま》はわずか十五年ばかり。その間に何が……ずうっとずうっと考え続けて、やっと見つけました。

私、すでに初老の年回りの頃。以下の文章に触れ、二つの維新の差異をついに見つけました。但し、どこまでも私の答えで、その答えを『日本辺境論』で見つけました。１９８頁から１９９頁にかけて、こうありました。

〈この極東の島国が大国強国に伍して生き延びるためには、「学ぶ」力を最大化する以外になかった。「学ぶ」力こそは日本の最大の国力でした。（中略）「学ぶ」力を失った日本人には未来がないと私は思います。〉

そう、龍馬は学ぼうとしていた。黒船を、異国を、商売を……いつでもどこでも。だから格好いいのです。昭和の軍人たちは教えようとした、大和魂を、日本を、その軍事力を。だから見苦しいのです。約《つづ》めれば、「学び」の姿勢を執る日本人は最強であり、美しくもある。では、何を、誰からどう学べばよいのか。

ちがうちがう。「学び」の具体などどうでもいい。内田氏はその姿勢こそが「学ぶ」力と仰っている。１４７頁です。長文での引用、御容赦。身に沁《し》む理屈です、以下。

〈「学ぶ」とは何よりもまずその誓言をなすことです。そして、この誓言を口にしたとき、人は「学び方」を学んだことになります。ひとたび学び方を学んだものはそれから後、どのような経験からも、どのような出会いからも、どのような人物のどのような言動からも、豊かな知見を引き出すことができます。〉

この後に、内田氏は仰天の「学び」の極意を告げます。それが以下で、「学び」の姿勢にある者は――

〈賢者有徳の人からはもちろん、愚者からも悪人からもそれぞれに豊かな人間的知見を汲み出すことができる。〉

まずは「学ぼう」とそう決意すること。その決意だけで世界は一変する、と。「学び」とは知識の量ではない。「学ぶ」とは「学ぶ」ものを探知し、拾い集める姿勢と礼儀のこと。それさえあれば、賢愚善悪のいかなる人からも私たちは何かを「学び」取るのです。見よや、戦前のこと、「話せば判る」と諄々として説く政治家にむかって「問答無用」と射殺した海軍将校と、幕末のこと、斬りに乗り込み話を聞くうちに憎っくき幕府高官に魅了されて、「弟子にしてつかぁさい！」と平伏したサムライを。両者を分けたのは「学び」の決意。そう思う。

ならば私如きもこの「学び」の決意を、と終活の年頃とはいえ、心に誓ったわけです。初めに置いたテーマ、「あまり美しくない国に生まれて来たらしい」と迷う者たちに内田さんの別の著作、『内田樹による内田樹』（140B）、その83頁で、こう諭しておられる。

〈「どうして勉強しなくちゃいけないの？」という子どもの問いかけに対して、（中略）勉強するのは、あなたの自己利益を増大させるためではない。共同体が生き延びるためです。〉

とこうあります。私のテーマと重ねるとこの国を美しくするためにはそれぞれが「学び」の姿勢で礼儀を以て世界と向き合うこととなります。そうすればこの国に世界に比類なきエリアを招来出来るかも知れないと夢見るのです。

いえ、日本人のすべてがそうであれと欲張りません。せめて百人中ひとりの人がそうであれば、共同体は明るく変わり、千人中十人の人あれば地域は生まれ変わります。その地域の一万人中百人の中に国を変える「龍馬」が生まれる確率があります（私の計算では、です……）。

その確率に参加して戴きたく、くどくどと書きました。どうか御容赦を。

長いあとがきになりました。ここに並べた文章はその「学び」の途上で、拾い上げた、もの思う「種」です。いかな花が咲くやら、は後の御報告として取り敢えずここまで。

この先も様々な「本」と巡り会いを重ね、「本」と語り合いつつ私の「学び」を重ねてゆくつもり。日本と日本人のために、著作の名文をお借りした作家諸氏、不出来ながら懸命の拙著に御付き合い下さった読者諸兄諸姉に、感謝します。

「書いてみませんか」とお誘い下さった文春新書編集部の両名、水上奥人さん、前島篤志編集長の御寛容と御協力に、深謝しつつ、平成から令和まで握っておりましたペンを置きます。

武田　鉄矢

武田鉄矢（たけだ てつや）

1949年福岡県生まれ。歌手、俳優。1972年に『海援隊』のボーカルとしてデビューし、「母に捧げるバラード」「贈る言葉」などヒット曲を多数生む。俳優としても活躍し、映画「幸福の黄色いハンカチ」などに出演、ドラマ「3年B組金八先生」は30年を超える人気シリーズとなった。著書に『私塾・坂本竜馬』（小学館文庫）、『人生の教養を高める読書法』（プレジデント社）など。

文春新書

1288

老《お》いと学《まな》びの極《ごく》意《い》

団塊《だんかい》世《せ》代《だい》の人生《じんせい》ノート

2020年11月20日　第1刷発行
2021年7月20日　第4刷発行

著　者　武　田　鉄　矢
発行者　大　松　芳　男
発行所　株式会社　文　藝　春　秋

〒102-8008　東京都千代田区紀尾井町3-23
電話（03）3265-1211（代表）

印刷所　理　想　社
付物印刷　大　日　本　印　刷
製本所　大　口　製　本

定価はカバーに表示してあります。
万一、落丁・乱丁の場合は小社製作部宛お送り下さい。
送料小社負担でお取替え致します。

ISBN978-4-16-661288-8